„Versteh mich nicht zu schnell" – Achtsames Arbeiten mit geflüchteten Menschen

Katharina Witte

„Versteh mich nicht zu schnell“ – Achtsames Arbeiten mit geflüchteten Menschen

Springer

Katharina Witte
Bremen, Deutschland

ISBN 978-3-658-17040-0 ISBN 978-3-658-17041-7 (eBook)
DOI 10.1007/978-3-658-17041-7

Die Deutsche Nationalbibliothek verzeichnet diese Publikation in der Deutschen Nationalbibliografie; detaillierte bibliografische Daten sind im Internet über http://dnb.d-nb.de abrufbar.

Umschlaggestaltung: deblik Berlin
Einbandabbildung: © Daniel Ernst / stock.adobe.com

Gedruckt auf säurefreiem und chlorfrei gebleichtem Papier

Springer ist Teil von Springer Nature
Die eingetragene Gesellschaft ist Springer Fachmedien Wiesbaden GmbH
Die Anschrift der Gesellschaft ist: Abraham-Lincoln-Str. 46, 65189 Wiesbaden, Germany

Die Haltung dem Fremden gegenüber ist von der Haltung sich selbst gegenüber nicht zu trennen. Solange ich einen Menschen als grundsätzlich von mir verschieden erfahre, solange er für mich ein Fremder ist, bleibe ich auch mir selbst ein Fremder. Wenn ich mich aber ganz selbst erlebe, erkenne ich, dass ich auch nicht anders bin als jeder andere Mensch. ... Ich entdecke, dass nur die Denkmuster, die Sitten, die Oberfläche verschieden sind, dass aber die menschliche Substanz die gleiche ist. Ich entdecke, dass ich jedermann bin und dass ich mich selbst erfahre, wenn ich meinen Mitmenschen entdecke und umgekehrt. Bei diesem Erlebnis begreife ich, was Humanität bedeutet. Ich entdecke den Einen Menschen.

E. Fromm: Jenseits der Illusionen. 1962 a, S. 149

Danksagung

Über ein Arbeitsfeld zu schreiben, das noch so jung und in Bewegung ist, in dem es noch unmöglich ist, gesicherte Aussagen zu machen, löste bei mir mehrfach die beunruhigende Frage aus: Darf ich das (schon)? Müssen sich Erfahrungen nicht erst länger „setzen"?

Umso wichtiger war es für mich, immer wieder die Diskussion zu suchen mit Menschen, die im Arbeitsbereich von Flucht tätig sind. Mein Dank gilt meinen Kolleginnen und Kollegen, die meinen Blick erweitert haben und den Supervisandinnen und Supervisanden, die freiwillig oder hauptberuflich in diesem Feld tätig sind und mir Einblicke in ihre Arbeit und Beispiele zur Verfügung gestellt haben. Besonders aber danke ich für die kritische Lesung des Textes Iris Busch, Ulla Müller, Katharina Hanstein-Moldenhauer und Maja Wever-Thierfelder. Alle haben mir wertvolle Rückmeldungen gegeben.

K. Witte,
Bremen, Januar 2017

Inhaltsverzeichnis

Abbildungsverzeichnis

Einleitung

K. Witte, *„Versteh mich nicht zu schnell" – Achtsames Arbeiten mit geflüchteten Menschen*,
DOI 10.1007/978-3-658-17041-7_1

Zusammenfassung
Dieses Buch bietet Supervisoren, Beraterinnen und allen Engagierten, die mit geflüchteten Menschen zusammenarbeiten – beruflich oder freiwillig –, eine Hilfestellung zur Reflexion ihrer Arbeit. Unterscheidet sich Beratung in diesem Feld von anderen Beratungsaufgaben? Was ist das „besondere Fremde" darin? Und: Was ist für diese Menschen wichtig, um sich die Freude am Engagement zu erhalten? Dies sind die Ausgangsfragen des Buches. Eingestreut in den Text findet der Leser Wissenskästen zu Themen, die im Text angesprochen werden, und Methodenboxen nebst einem Hinweis zur Anwendung der Methoden in der eigenen Arbeit. Die Autorin hat selbst sehr unterschiedliche Zugänge zum Kontext Flucht. Sie bringt ihre Rollen und Erfahrungen anhand von vielen Praxisbeispielen ein und ermöglicht dadurch einen breiten Blick auf das Feld.

Vor Kurzem habe ich zusammen mit einer iranischen Freundin einen jungen Mann aus Afghanistan durch seinen Asylprozess begleitet und sie, 1985 aus dem Iran geflüchtet, stellte anschließend fest: „Was ist das für ein Aufwand inzwischen. Warum so viel Angst und Kontrolle? Ich bin damals einfach durchgelaufen, die Anhörung dauerte fünf Minuten." Angst und Kontrolle. Ein Paar, das sich gegenseitig bedingt. Um der Angst zu begegnen, wird alles kontrolliert, die Einwanderung, das Bleiberecht, die Integration … Und Angst erlebe ich sowohl bei den geflüchteten Menschen als auch bei den Betreuenden und in der Politik. Bei den Betreuenden ist es die Angst vor dem Unbekannten, dem nicht Einschätzbaren, den Verständigungsschwierigkeiten, der Überforderung, Angst vor dem Versagen, den nicht einlösbaren Erwartungen … Angst vor dem Fremden. Warum diese Ängste? Es sind Freiwillige mit jahrelangem Engagement oder professionelle Fachkräfte – wo bleiben Lebenserfahrung und Fachlichkeit? Wie kann ich als Supervisorin sie dabei unterstützen, Ängste in **Mut und Selbstbewusstsein** umzuwandeln?

Folgende **Fragen** habe ich mir gestellt:

- Was ist für mich das Besondere bei der Beratung im Kontext Flucht und wie zeigt sich das im supervisorischen Handeln? Brauche ich als Beraterin eine andere Haltung in diesem Bereich? Wie ist mein eigener Umgang mit dem Fremden? Kann ich arbeiten, ohne politisch Position zu beziehen? Worauf ist besonders zu achten? Ändern sich die Standards der Supervision?
- Was ist für die im Feld Arbeitenden (Berufliche und Freiwillige) wichtig, um das eigene Handeln zu reflektieren? Was ist das „besondere Fremde" in diesem Feld, wodurch unterscheidet sich die Arbeit mit geflüchteten Menschen von der Arbeit mit anderen Zielgruppen (Obdachlose, arme Familien, fremde Milieus), bei denen es auch viel Begegnung mit Fremdheit gibt? Ist die Situation der Geflüchteten anders als die von anderen Menschen in Not?

Dieser Text **richtet sich an** Supervisoren, Beraterinnen und alle Engagierten, die in der Arbeit mit geflüchteten Menschen tätig sind. Ich möchte Sie darin unterstützen, ins Zentrum Ihrer Begegnung mit dem Fremden Mut, Neugier und Selbstbewusstsein zu stellen. Ich möchte den Blick schärfen für die Beziehung zwischen dem Fremden in uns und dem Fremden uns gegenüber. Ich möchte zur Reflexion dessen anregen, womit Sie täglich beschäftigt sind. Und ich möchte Ihnen durch vielfältige Beispiele Handlungsanregungen für die Begegnung mit dem Fremden an die Hand geben. Da ich selbst beim Schreiben auch immer wieder sehr mit dem Fremden in mir konfrontiert wurde, ist es durch etliche Beispiele aus meiner eigenen Erfahrung auch ein sehr persönliches Buch geworden.

Das soziale Zusammenleben in Deutschland ist durch die Menge der geflüchteten Menschen in Bewegung geraten. Es gibt Unsicherheit, Ängste, Freude und Zuversicht in Bezug auf die zu erwartenden Veränderungen in unserem Land. Und es lässt sich noch nicht voraussagen, wie die Zukunft sich entwickeln wird. Auch dieser Text beansprucht nicht, endgültige Aussagen zu machen. Es ist ein Text, mit dem ich erkunden möchte, prinzipiell offen und nicht abgeschlossen. Und vielleicht regt er auch die Leserinnen und Leser an, in ihrem jeweiligen Bereich zu erkunden und Ideen zu entwickeln.

1.1 Gliederung des Buches

Die Arbeit mit geflüchteten Menschen ist ein relativ neues Arbeitsfeld, dem wir uns in den folgenden Kapiteln aus unterschiedlichen Perspektiven und auch sehr praxisbezogen, mit Hilfe von zahlreichen Fallbeispielen, Methoden und Wissensbausteine, nähern wollen. Inhaltlich lassen sich die zehn Kapitel des Buches folgendermaßen zusammenfassen:

- Das auf die Einleitung (▶ Kap. 1) folgende ▶ Kap. 2 beschäftigt sich mit dem Thema „Supervision". Es beginnt mit einem Fallbeispiel, definiert Supervision und fragt nach dem Besonderen der Arbeit in diesem Feld.
- Dann folgt ein Kapitel (▶ Kap. 3) über das Fremde und die Begegnung mit dem Fremden: über die Entdeckung des Fremden in uns selbst und die Notwendigkeit, sich mit dem Fremden auseinanderzusetzen, um selbst zu wachsen. Diesem Teil vorangestellt sind Bilder und Gedanken zu geflüchteten Menschen.
- Die Bedeutung von Fragen in der Begegnung mit geflüchteten Menschen steht in ▶ Kap. 4 im Fokus. Ergänzt wird dieser Fokus durch Beispiele aus dem Playback-Theater, einer Theaterform, bei der durch Fragen an das Publikum Spielszenen generiert werden.
- In ▶ Kap. 5 liegt der Schwerpunkt auf dem Engagement von Freiwilligen. Neben vielen Beispielen aus der Arbeit finden sich Hinweise auf die Bedeutung des bürgerschaftlichen Engagements und die Geschichte des Ehrenamtes.
- Unter dem Fokus „Gesundheit fördern" geht es in ▶ Kap. 6 um vier Aspekte, die zur Reflexion der Gesundheit der im Feld Tätigen (Berufliche und Freiwillige)

beitragen: Umgang mit Traumatisierung – der Ansatz der „Salutogenese“ – ein Modell der kollegialen Selbsthilfe – und das Thema „Regeln und Rituale“.
- ► Kap. 7 beschäftigt sich mit der Arbeit der Hauptamtlichen und den institutionellen und interaktionellen Belastungen, mit denen sie umgehen müssen, wieder konkretisiert durch Arbeitsbeispiele.
- In ► Kap. 8 werden unterschiedliche Blickwinkel auf die Zusammenarbeit von Beruflichen und Freiwilligen vorgestellt. Es wird deutlich, dass diese Zusammenarbeit insbesondere wegen der unterschiedlichen Status und der Schwierigkeit, Konflikte anzusprechen, nicht immer einfach ist,
- ► Kap. 9 setzt sich mit dem derzeit inflationär benutzten Begriff der „Kulturen“ auseinander und erläutert die unterschiedlichen Kulturbegriffe (Multikultur, Interkultur, Transkultur). Beispiele zeigen anschaulich auf, in welche Fettnäpfe wir treten können.
- Das abschließende ► Kap. 10 schlägt den Bogen zum Anfang des Buches, setzt sich noch einmal mit dem Format Supervision auseinander und nimmt zusammenfassend besonders wichtige Themen für die supervisorische und beraterische Arbeit im Kontext von Flucht in den Fokus.

1.2 Die Rollen der Autorin

Ich selber habe in einem relativ kurzen Zeitraum (drei Jahre bisher) in unterschiedlichen Rollen viele Erfahrungen mit geflüchteten Menschen gemacht. Sie beeinflussen meine Sicht und meine Haltung:
- Da ist die Sicht der **Supervisorin**, die Supervision für Freiwillige und Hauptamtliche anbietet, welche in Unterkünften, Projekten und Ämtern mit geflüchteten Menschen arbeiten;
- die Sicht der **Projektleiterin**, die mit unbegleiteten Jugendlichen Theaterspiel organisiert;
- die Sicht der **Theaterfrau**, die mit ihrem Playback-Theaterensemble Theater in Unterkünften spielt;
- die Sicht der Bürgerin (**Vormundin**), die die Vormundschaft für einen Jugendlichen wahrnimmt;
- und die Sicht der **Sozialpädagogin**, die 15 Jahre lang mit Migrantinnen in einem sogenannten benachteiligten Stadtteil von Bremen gearbeitet hat.

Ich schreibe den Text aus dem Blickwinkel der Supervisorin, aber die anderen Rollen sind dabei meine hilfreichen „Zuarbeiterinnen“. Diese vielfältigen Erfahrungen bereichern und verunsichern mich gleichzeitig in Bezug auf diesen Text. Denn wenn ich sie als Psychodramatikerin (die viel mit dem Rollenwechsel arbeitet) selbst zu Wort kommen lasse, vermitteln sie mir unterschiedliche Botschaften.

- **Die Supervisorin**

Ich muss mein eigenes Verhältnis zum Fremden klären und eine klare Haltung entwickeln auf der Grundlage von Grundgesetz und Menschenrechten. Ich suche einen supervisorischen Weg zwischen Mitgefühl und Distanz.

- **Die Theaterfrau und Projektleiterin**

Ich lasse mich leiten von meiner Liebe zu den Menschen. Mein Herz fließt über, wenn ich mit den unbegleiteten Jugendlichen arbeite und ihre Begeisterung und gegenseitige Unterstützung erlebe. Oder wenn ich an die berührenden Geschichten denke, die die Bewohnerinnen und Bewohner der Unterkünfte uns für unsere spontanen Szenen auf der Bühne erzählen.

- **Die Vormundin**

Ich trage Verantwortung für diesen Menschen. Habe ich für den Jugendlichen genügend Zeit und Geduld? Und was mache ich mit den Freunden meines Mündels, die auch viel von mir wollen? Ich spüre Druck in dieser Rolle, mehr zu machen, als ich eigentlich will.

- **Die Sozialpädagogin**

Ich muss es mir nicht so schwer machen. Gelassen bleiben. 15 Jahre lang (größtenteils in den 1980er-Jahren) haben meine Kolleginnen und ich so gehandelt, unterstützt und gelehrt im Bereich Migration, wie wir es für richtig hielten – ohne interkulturelles Training –, und wir haben die Menschen erreicht und ihre Integration unterstützen können.

- **Die Autorin**

Und schließlich meine Rolle als **Autorin:** Ich begleite die Leserinnen und Leser durch das Buch und biete Orientierung beim ständigen Wechsel zwischen Selbstreflexion und konkretem Handeln.

Bei der Arbeit an diesem Text haben mir die unterschiedlichen Perspektiven meiner Rollen geholfen, mich in die Leserinnen und Leser – Supervisorinnen, Pädagogen, Beraterinnen und engagierte Freiwillige – hineinzuversetzen und ihren möglichen Fragen und Erwartungen nachzuspüren. Meine Praxisbeispiele stammen zwar überwiegend aus der Supervision, aber sie wurden bearbeitet zusammen mit den Teilnehmenden aus all diesen beruflichen Feldern, denen ich für die Zusammenarbeit danke.

1.3 Hinweise für die Leserinnen und Leser

Eingestreut in den Text sind Wissenskästen („Gut zu wissen"), die in konzentrierter Form über Themen informieren, die im Text angesprochen werden, und Methodenboxen, die für Supervision, Beratung und pädagogische Arbeit nützliche Arbeitstechniken – viele aus dem Psychodrama – vermitteln. Außerdem gibt es eine Vielzahl von praktischen Beispielen, die die Verbindung zur konkreten Arbeitserfahrung herstellen.

▪ Zum Umgang mit den Methodenboxen: Jede Methode hat dem Prozess zu dienen

Ich freue mich immer, wenn Beraterinnen und Berater mit ihren Klienten Aktionsmethoden nutzen, um den Erkenntnisprozess zu unterstützen und sich möglichen Lösungen der Fragestellungen zu nähern. Der Reichtum der Aktionsmethoden liegt darin, dass sie immer mehrere Sinne ansprechen, dass sie mit Bewegung verbunden sind (innerer und äußerer). Die äußere Bewegung – einen anderen Platz einnehmen, einen Rollenwechsel machen, Gegenstände als Symbole auswählen, sich in einen Fremden einfühlen – löst eine innere Bewegung aus und macht dadurch beweglich in Bezug auf festgefahrene Situationen, Konfliktsichten, Verstehen usw.

Doch wenn ich mir die Liste der Methodenboxen in diesem Buch betrachte, dann überfällt mich auch eine Unruhe bezüglich ihrer Anwendung. Sie scheinen mir in der schriftlichen Form so festgeschrieben in der Ausrichtung auf Ausgangssituation, Zielgruppe und Ablauf. Deshalb habe ich vor jede Ausgangssituation ein „z. B." gesetzt, um anzudeuten, dass diese Methode auch in anderen Situationen genutzt werden und andere Abläufe nach sich ziehen kann. Wenn ich für mich zufriedenstellend mit Aktionsmethoden arbeite, habe ich fast immer das Gefühl, ich „erfinde" die Methode in diesem Moment passgenau für diese Situation (auch wenn ich sie schon mehrfach genutzt habe). Und ich möchte den Nutzerinnen und Nutzern der Methoden Folgendes mitgeben:

- Alle Methoden haben dem Prozess „zu dienen", niemals umgekehrt (etwa, weil wir gerne einmal diese Methode ausprobieren möchten). Sie müssen passen zur Situation, zur Klientin, zu Weg und Ziel der Beratung und zu mir als Berater oder Beraterin. Und sie sollten der Tragfähigkeit der Beziehung angemessen sein, dem Stand des „Arbeitsbündnisses" zwischen Berater und Klient entsprechen.
- Daraus folgt, dass sie mit Respekt und Behutsamkeit eingesetzt werden, immer als Vorschlag und Einladung, gemeinsam etwas zu untersuchen. Und die Reaktionen der Klienten bestimmen den Fortgang der Arbeit. Oft entwickelt sich, wenn ich Impuls, Raum und Rahmen für eine Methode gebe, diese in einer ganz anderen Weise weiter, einer Weise, die ich nie vorausgesehen hätte.

- Wenn ich zu einer Aktionsmethode einlade, bin ich erst einmal die Regisseurin, die Rahmen und Regeln vorgibt, trete dann aber innerlich zurück, nehme wahr, was passiert, und nutze die Chancen, die sich sowohl aus den Veränderungsimpulsen als auch aus den Beharrungstendenzen der Klienten entwickeln können. Denn jeder Mensch hat beides, Veränderungs- und Widerstandspotenzial. Beides ernst zu nehmen und auszubalancieren ist Aufgabe von Beratung.

Liste der Methodenboxen

Liste der Wissenskästen

Weitere Lesehinweise

- In diesem Text verwende ich die männlichen und weiblichen Endungen im Wechsel und bitte darum, das andere Geschlecht jeweils mitzudenken.
- Alle Fallbeispiele in diesem Text sind so anonymisiert, dass der Sinn erhalten bleibt, aber das Beispiel keiner wiedererkennbaren Person mehr zuzuordnen ist. Die Auswahl von Fallbeispielen für eine Veröffentlichung stellt für mich in zweierlei Hinsicht eine schwierige Herausforderung dar: das Vertrauen meiner Klientinnen in meine Verschwiegenheit zu wahren und dennoch dem Beispiel die Lebendigkeit zu erhalten.
- Ich verwende sowohl den Begriff „Freiwillige" als auch „Ehrenamtliche". Der Begriff „Freiwillige" setzt sich zwar mehr und mehr durch, doch es gibt viele gesellschaftliche Bereiche, in denen die Bezeichnung „Ehrenamtliche" noch selbstverständlich ist.
- Alle Namen im Text wurden verändert.
- Die Begriffe „Berufliche", „Hauptamtliche" und „Professionelle" benutze ich als Synonyme.

Supervision – vom Wert der Langsamkeit in der Hektik von Flucht

K. Witte, *„Versteh mich nicht zu schnell" – Achtsames Arbeiten mit geflüchteten Menschen*,
DOI 10.1007/978-3-658-17041-7_2

Zusammenfassung
Dieses Kapitel beschäftigt sich mit der Supervision an sich und nimmt Sie als Leserinnen und Leser mit in eine Supervisionssitzung mit freiwillig Engagierten in der Arbeit mit geflüchteten Menschen. Anschließend werden die Merkmale und Chancen von Supervision erläutert und die Bedeutung der Rolle der Superisorin beleuchtet. In Supervision und Beratung werden berufliche Tätigkeiten reflektiert, vor allem da, wo Menschen mit Menschen arbeiten. Eine der Leitfragen des Buches lautet: „Was ist das Besondere an der Arbeit mit geflüchteten Menschen und an der Supervision und Beratung in diesem Feld?". In diesem Kapitel sollen erste Antworten darauf gefunden werden, auch in den folgenden Kapiteln werden wir immer wieder auf diese Frage zurückkommen. Sie als Engagierte, in welcher Funktion oder Rolle Sie auch tätig sind, werden angeregt, einmal Atem zu holen, Ihre Erfahrungen mit Unterstützung dieses Buches zu reflektieren und Ihr Handeln zu überprüfen.

2.1 Supervision 1: Ein Fallbeispiel

Wesentliches wird oft am Ende einer Sitzung benannt
Ein erschreckender Moment in einer Supervision mit Freiwilligen, die mit geflüchteten Menschen arbeiten, war für mich der beiläufig ausgesprochene Satz einer Supervisandin am Ende einer Sitzung: „Ich fühle mich manchmal wie der Knabe im Moor, in dem Gedicht von Annette von Droste Hülshoff."

Nach der Sitzung las ich das Gedicht. Ich zitiere hier nur wenige Zeilen:

» O schaurig ist's, übers Moor zu gehn,
Wenn es wimmelt vom Heiderauche,
Sich wie Phantome die Dünste drehn
Und die Ranke häkelt am Strauche,
…
Fest hält die Fibel das zitternde Kind
Und rennt, als ob man es jage;
Hohl über der Fläche sauset der Wind –
Was raschelt da drüben im Hage?

Es ist ein sechs Strophen langes Gedicht über Angst, Erschrecken, Gefahren, undefinierbare Geräusche und unsichere Gründe beim Überqueren eines Moores.

Wenn eine Supervisandin so etwas sagt: Welche Botschaft steckt darin für die Supervisorin? Erst einmal eine Aufforderung zum Nachdenken: Ist das Engagement für die Supervisandin ein unsicheres, feindliches Land? Gibt es da vielleicht auch die Faszination des Gefährlichen? Fürchtet sie Anfeindungen? Kann sie einschätzen, wo sichere Tritte und wo mooriger, gefahrvoller Grund sind? Ist sie so sehr eingetaucht in die Identifikation mit ihrem Engagement für die Geflüchteten, dass sie ihre Grenzen nicht mehr erkennt? Und: Was könnte ihr helfen, auch die Schönheit des Moores zu sehen? Lassen sich neue innere Bilder kreieren, z. B. sichere Stege, Trockenzonen, feste Grasbüschel? (Der Vorteil der Arbeit mit Bildern ist ja, dass sie beweglich bleiben, sich immer wieder neu konstruieren lassen).

Der Knabe im Gedicht versinkt nicht im Moor, er kommt an im heimatlichen Haus.

> » Da mählich gründet der Boden sich,
> Und drüben, neben der Weide,
> Die Lampe flimmert so heimatlich,
> Der Knabe steht an der Scheide …
>
> Annette von Droste-Hülshoff

Hat die Supervisandin ein heimatliches Licht? Ist sie Teil des Systems geworden oder hat sie auch ihre eigene Welt? Selbstsorge setzt voraus, empathisch *und* grenzsetzend zu sein, selbstbestimmt eintauchen und auftauchen zu können.

Soweit meine Gedanken nach der Sitzung.

Überraschende Wende

Die nächste Sitzung. Ich beziehe mich auf die zitierte Äußerung am Ende der letzten Sitzung und lese der Supervisionsgruppe das Gedicht vor. Mehrere finden sich darin wieder. Im Erläutern dessen, was für sie das Moor ist, beziehen sie sich zuerst auf ihr Engagement: Unsicherheit im Umgang mit Geflüchteten, Hilflosigkeit angesichts der Vielzahl der Probleme, Frustration über nicht erreichte Ziele, Ärger über bestimmtes Verhalten … Und die Supervisandinnen tauschen aus, was sichere Stege und Brücken für sie sind, z. B. mit anderen viel reden und das Erlebte aufschreiben. Oder: Das Moor meiden und sich eine Auszeit nehmen, um wieder frische Luft zu spüren. Vor allem aber, und das scheint mir wichtig: zu akzeptieren, dass das Moor ein unheimlicher Ort sein kann, d. h., dass es schlechte Tage gibt – mit der Erfahrung, dass der Boden sich auch wieder gründet.

Dann aber stellt sich – für mich überraschend – heraus, dass mit der Moorüberquerung nicht nur die belastende Arbeit verbunden wird. Tückischer und sumpfiger wird empfunden, wenn der ständige Kampf, klare Regeln im Umgang mit den Geflüchteten zu vereinbaren und durchzusetzen, von Kolleginnen sabotiert wird („die armen Menschen" oder „bloß keine Konflikte"). Ein noch abgründigeres Sumpfloch ist es, wenn Freunde sich zurückziehen, die den vermeintlich vorgehaltenen Spiegel nicht aushalten, die das Gerede über die geflüchteten Menschen nicht mehr hören wollen und meinen, das Engagement sei zu viel, falsch, der Staat müsse doch …

Dies wird dann ein wichtiges Thema für die Gruppe im Fortgang der Sitzung und eine Supervisandin macht eine Aufstellung zur Veränderung ihres Freundeskreises. Und sie erkennt, wie sehr sie selbst sich durch das Engagement verändert hat. Ihr sind einige Dinge plötzlich nicht mehr wichtig, andere umso mehr. Ihr Blick auf unsere Überflussgesellschaft ist geschärfter, sie will nicht mehr langatmig über die Qualität von Restaurants reden oder über 50 unterschiedliche Senfsorten ... Und so schiebt sie einige Freunde weiter weg, andere rücken näher. Was bisher für sie ein beunruhigendes Gefühl war, bekommt jetzt einen Sinn.

Freud schreibt in seinem Aufsatz „Über das Unheimliche", dass das Unheimliche das ehemals Heimische, Vertraute sei. Die Vorsilbe „un-" sei die Marke der Verdrängung. Das Unheimliche sei das Erschrecken über das unerwartet auftauchende Spiegelbild des eigenen Ichs. Es sollte im Verborgenen bleiben und ist durch eine Erfahrung, durch einen Eindruck plötzlich belebt worden (nach Freud 1999).

So ist durch die Aufstellung die Supervisandin sich selbst unheimlich und fremd geworden und muss sich mit diesem neuen Bild von sich auseinandersetzen, um es wieder in ihr Selbst zu integrieren.

Die Sitzung endet mit einem individuellen Nachdenken über die Frage: Wie erlebe ich mein Engagement und wie erläutere ich es eigentlich anderen gegenüber? Rechtfertige ich es oder erkläre ich es?

2.2 Supervision 2: Raum zum Atemholen

Supervision heißt, sich einen Überblick (Super-Vision) zu verschaffen, von oben auf ein Geschehen zu schauen und dadurch einen weiteren Blick zu bekommen und Zusammenhänge zu erkennen. Hier folgt eine Beschreibung der Merkmale von Supervision, aber es ist gleichzeitig eine Einladung an Sie als Leserinnen und Leser, das Lesen als eine Art innere Supervision Ihrer Arbeit mit geflüchteten Menschen zu nutzen, um Atem zu holen, nachzudenken, sich in einem Spiegel zu sehen und mit Abstand auf die eigene Arbeit zu schauen. In diesem Sinne ist Supervision zu verstehen als

- ein freier Raum der Begegnung mit sich selbst, um die eigenen Erfahrungen in der Arbeit und im Engagement zu reflektieren.
- ein geschützter Raum zum Teilen von Gefühlen, auch von tabuisierten Gefühlen.
- eine Auszeit zum Nachdenken, Planen und Überprüfen.
- ein Raum für die Annäherung an Fremdes, Unvertrautes im Dialog mit anderen
- ein Ort zum Entspannen, Atemholen, Auftanken; der Ort, von dem man (so sollte es sein) leichteren Herzens wieder geht als man gekommen ist, durch das Teilen von Leiden und Freuden. (Im griechischen Theater gab es die Regel, dass nach mehreren Tragödien zum Abschluss eine Komödie zu folgen hatte, damit die Zuschauer leichten Herzens nach Hause gingen).
- ein Ort für Konfrontation, wo gewagt werden kann, was vielleicht außer Kontrolle geraten könnte und was deshalb außerhalb dieses Ortes nicht gesagt werden darf.

- der Rahmen, Respekt zu erfahren und zu zeigen, im Umgang miteinander und gegenüber Klienten.
- der Ort, wo die Supervisanden, Berufliche und Freiwillige, sich getragen fühlen vom Team, von der Gruppe, wo es eine Vergewisserung gibt, dass sie akzeptierter Teil des Teams, der Gruppe sind, wo Kollegialität entsteht.
- Teil der Qualitätsentwicklung, indem die Fähigkeit, Verantwortung zu übernehmen, zu eigenständigen Lösungen zu kommen und Überforderungen vorzubeugen, reflektiert und gefördert wird.
- der Ort, wo mit Abstand auf die Organisation geschaut werden kann, wo der Blick aufs Ganze gefördert wird mit der Aufforderung, sich als Teil der Organisation und die Organisation als Teil der Umwelt wahrzunehmen: Wer bin ich in diesem System?
- aber auch der Ort, wo sich die Ökonomisierung der Arbeitswelt abbildet, d. h. ein Ort der Auseinandersetzung mit Komplexität und Beschleunigung.

Folgendes Beispiel zeigt, wie Ökonomisierung und Beschleunigung den unabhängigen Raum der Supervision bestimmen können:

Zeit ist Geld

Eine Geschäftsführerin rief mich an und wollte für eines ihrer Teams Supervision. Sie schilderte mir *ihre* Sicht auf die *ihr* wichtigen Themen und wollte dann wissen, wie viele Sitzungen ich zur Lösung benötigen würde. Zu diesem Zeitpunkt hatte ich das Team weder gesehen noch gesprochen. Natürlich ist es wichtig, die Erwartungen der Leitung an die Supervision zu hören, aber Umfang und Fragestellungen können doch erst dann diskutiert werden, wenn es einen Kontakt mit dem Team gegeben hat. Welchen Platz nimmt Supervision im Denken dieser Geschäftsführerin ein, wenn sie auf diese Frage zu *diesem* Zeitpunkt eine Antwort erwartet?

■ Hüterin des Raumes

Die Supervisorin ist die Schützerin des Begegnungsraums Supervision, sie sichert den Rahmen. Sie kommt als eine Fremde in ein System, mit dem sie keine Geschichte verbindet. Das eröffnet Möglichkeiten, Dinge wahrzunehmen, die die Beteiligten nicht mehr sehen können, Fragen zu stellen, die „sich nicht gehören", und dadurch den in ihrer Organisation Gebundenen eine neue, ungewohnte Perspektive auf ihr System und ihren Prozess zu verschaffen. „Der Kaiser ist ja nackt!", ruft der kleine Junge in Andersens Märchen „Des Kaisers neue Kleider" laut in die Menge und löst mit diesem Satz die blinde Abhängigkeit des Volkes von seinem Hofstaat auf.

Wenn es dem Supervisor gelingt, der kleine Junge zu sein, hat er gute Arbeit geleistet. Oder wenn es gelingt, dass ein Team zu der Erkenntnis kommt: „Der nackte Kaiser spielt einen angezogenen Kaiser." Die Supervisorin ist einerseits die Fremde für das Team und die Gruppe – und damit wird ihr der objektive Blick zugeschrieben – und wird andererseits mit Fremdheitserfahrungen konfrontiert. Diese Fremdheitserfahrungen, -zeichen und Kulturmerkmale werden für das Verstehen der Gruppe gesammelt, geordnet und genutzt. Die Supervisorin ist Seismograph, Störenfried, Hofnarr … und kann sich in diesen Rollen erlauben, Tabuisiertes auszusprechen, „endlich mal zu benennen", was lange ungesagt gärte und vergiftete. Durch das Aussprechen spontaner eigener Gefühle – oder vermuteter Gefühle in der Organisation oder bei den Supervisandinnen wie Scham, Kränkung, Ärger, Wut, Enttäuschung, Stolz, Sehnsüchte … – kann sich ein Raum für das Entdecken und Benennen dieser Gefühle bei den Beteiligten öffnen und Anstoß zum Beschreiten neuer Wege geben. Micha Hilgers versteht den Supervisor als einen „Manager der Schamgefühle, sowohl der geflüchteten Menschen als auch der Helfer, inklusive des Supervisors selbst" (Hilgers, persönliche Mitteilung 2017).

Elisabeth Rohr schreibt von ihren Erfahrungen als Supervisorin in Südafrika: „Als Fremde bin ich hier eine Art Türöffner, denn als Fremde bin ich offensichtlich vertrauenserweckender als das Eigene und das Benachbarte. Als Fremde darf ich Dinge aussprechen, die in ihrer Gesellschaft tabuisiert sind, sie scheinen erleichtert, wenn ich das tue, auch wenn es noch so schrecklich klingt. Endlich sagt es jemand, endlich finden die Worte einen Weg in den öffentlichen Raum, endlich sind sie mit ihren Fantasien nicht mehr allein." (Rohr 2015, S. 30).

Es gibt aber auch andere Erwartungen an den Berater, die ihm vermittelt werden: Tabus, die er auf keinen Fall anfassen darf, Glaubenssätze, die er übernehmen soll, Versuche der Beeinflussung und Verführung. Und bei zu viel Fremdheit kann er ausgestoßen werden. (siehe auch Möller, 2001)

Die Supervisorin verantwortet den Umgang miteinander und achtet darauf, wie über Klienten geredet wird. Sie sorgt für einen respektvollen Raum in der Supervision, macht diesen zu einem Mikrokosmos einer demokratischen Gesellschaft.

2.3 Supervision 3: Was ist das Besondere an Supervision im Kontext Flucht?

In der Supervision – das ist unter anderen eine ihrer Aufgaben – sind wir mit den Rändern der Gesellschaft befasst. Viele der Teams, Gruppen, Einzelnen, denen wir Supervision anbieten, begleiten Menschen, die das Leben allein nicht bewältigen können oder die – bewusst oder unbewusst – Anpassung vermeiden. Sie kümmern sich um Kinder, deren Grenzen überschritten wurden, sie kümmern sich um Menschen in Not.

Was ist da anders bei geflüchteten Menschen, warum ergreift das alle Beteiligten in diesem Feld auf besondere Weise?

▪ Bei sich selbst anfangen zu fragen

Als Erstes habe ich mich selbst gefragt, was mich in diesem Feld so berührt. Es sind drei Aspekte. Zum ersten ist es das besondere Fremde: Die Geflüchteten sind nicht nur hier fremd. Sie haben ihre Heimat verlassen, der eigene Kontext ist ihnen möglicherweise fremd geworden. Sie sind weder dort noch hier verankert.

Zum zweiten ist es die überwältigende Komplexität der traumatischen Erfahrungen, die viele Geflüchtete erleben: die Situation im Heimatland von lebensbedrohender Armut oder Gewalt, erzwungene Migration, Aufgabe von vertrauten Orten, Verlusterfahrungen, Fluchterlebnisse, Situation im Aufnahmeland, unsichere Zukunft.

Und schließlich zum dritten: Verlust oder Infragestellung von Zugehörigkeit. Bei Missbrauch von Kindern als das Erschütterndste, mit dem ich in Supervision umzugehen hatte, ist das Vertrauen von Menschen in Menschen auch zutiefst erschüttert (siehe auch Bleckwedel und Witte, 2012). Aber der Verlust von Zugehörigkeit ist Verlust von Vertrauen in das Erwartbare des Lebens, ist Verlust von Familie und Menschen aus dem Umfeld, von Verständigung und Verstehen, von Nahrung, Gerüchen, von religiöser und ideologischer Verbundenheit, von kulturellen Elementen, von Landschaften und Räumen … von einem WIR. (Auch wenn ich die Erfahrung mache, dass einige auch bewusst das WIR verlassen wollten).

Das Schmerzvolle der Menschen in dieser Lebenssituation ergreift mich. Es gibt einen alten, kurzen Film des belgischen Künstlers Marcel Broodthears, in dem dieser versucht, einen Text zu schreiben, während ein Dauerregen ihm ständig die Tinte vom Papier wegspült. Er kann nichts festhalten. Dieser stumme Film (schwarz-weiß, unscharf, mit einer Sechzehn-Millimeter-Kamera aufgenommen) ist für mich eine beeindruckende Metapher für den Verlust, mit dem die Geflüchteten umgehen müssen (Broodthears, La Pluie, 1969).

Es gibt aber auch den Reiz und die Verantwortung, mich einzumischen. Supervision, sonst auf die Metaebene verbannt und immer auf Distanz bedacht, steht plötzlich mitten im Leben, mitten in der gesellschaftlichen Diskussion und der atemberaubenden globalen Veränderung mit derzeit noch ungewissem Ausgang. Für mich gibt es nicht mehr die Möglichkeit, unbeteiligt zu bleiben, ich muss den Spagat vollbringen, mich im Rahmen meiner unterschiedlichen Rollen zwischen Distanz und Einmischung hin und her zu bewegen. Ich habe in der Rolle der Supervisorin eine Verantwortung, mich zu äußern und Stellung zu beziehen.

Meine supervisorische Arbeit wird dabei durch mein freiwilliges Engagement unterstützt und bereichert. Denn durch dieses erlebe ich auch die Perspektive meiner Supervisanden. Und ich erlebe, wie die Supervision flüssiger wird, Standards sich verändern und sich anpassen an die Realität. Doch die Veränderung von Standards ist auch verunsichernd – wo sind sie angemessen und wo erliege ich einem mitreißenden Strudel? Mich erinnert dieses Betrachtung aus zwei unterschiedlichen Perspektiven an eine sehr lehrreiche Zeit in meinem Leben.

Zweierlei Sicht

Als ich (sehr spät) studierte, hatte ich an derselben Uni aufgrund meiner vorherigen Theaterlaufbahn Lehraufträge. Dadurch, dass ich gleichzeitig die Rolle der Lehrenden und der

Studentin innehatte, war es mir möglich, immer aus zwei Perspektiven zu betrachten. Das verlangte, als Person immer authentisch zu bleiben, was mich sehr bereicherte.

Ebenso habe ich Supervisanden befragt, was für sie das Besondere in diesem Arbeitsfeld ist, was die Motivation war, sich auf diese Stellen zu bewerben.

Einige Zitate aus der Supervision

- Es ist die Heilung meiner Ohnmachtsgefühle.
- Ich kann zeitlich keine ehrenamtliche Arbeit machen, deshalb habe ich mich auf die Stelle im Flüchtlingsbereich beworben.
- Diese Arbeit ist die Antwort auf mein schlechtes Gewissen, dass ich ein so gutes Leben führe.
- Ich möchte beteiligt sein an der großen derzeitigen Bewegung.
- Es ist eine Herausforderung, einen Umgang mit den Verständigungsschwierigkeiten zu finden.
- Meine Unsicherheit und Angst vor den fremden Verhaltensweisen ist eine gewollte Herausforderung für mich.
- Und immer wieder wird benannt: Wie sonst selten in der Arbeit spüre ich meine Gefühle sehr intensiv.

Diese Ich-bezogenen Motive bei Supervisanden und Supervisorin entsprechen der derzeitigen Entwicklung der Engagementbereitschaft (siehe ▶ Kap. 5 – Kasten „Geschichte des Ehrenamtes"): Sie folgen einer Sinnsuche. Engagement muss nicht altruistisch sein, um hilfreich zu sein, eine Win-Win-Situation durch das Engagement ist für beide Seiten die förderlichste: „Der Schutz des Menschen vor Gewalt und Verfolgung ist eine zutiefst kostbare Geste. Kostbar nicht nur für den, der solche Hilfe erfahren, sondern auch für den, der sie geben darf" (Trappe 2015, S. 50).

Literatur

Broodthears, M.(1969). *La pluie. Projet pur un texte.* Macba Foundation 1595, Barcelona.

Droste-Hülshoff, A. (2000). Der Knabe im Moor. In H. Laufhütte (Hrsg.), *Deutsche Balladen.* Stuttgart: Reclam Verlag.

Freud, S. (1999). Über das Unheimliche. In *Gesammelte Werke* (S. 227–278). Frankfurt: Suhrkamp.

Fromm, E. (1962). *Jenseits der Illusionen.* Hamburg: Rowohlt.

Hilgers, M. (2013). *Scham. Gesichter eines Affekts.* Göttingen: Vandenhoeck & Rupprecht.

Möller, H. (2001). *Was ist gute Supervision?* Stuttgart: Klett Cotta.

Rohr, E. (2016). Das sozial Unbewusste in der Supervision des Fremden. *Supervision, 1*, 22–30.

Trappe, Tobias (2015). Zur Ethik der Asylverwaltung. In E. Bittenbinder (Hrsg.), *Grenzbereiche der Supervision.* Göttingen: Vandenhoeck & Ruprecht.

Das Fremde und der Umgang mit dem Fremden

K. Witte, *„Versteh mich nicht zu schnell“ – Achtsames Arbeiten mit geflüchteten Menschen,*
DOI 10.1007/978-3-658-17041-7_3

Zusammenfassung
Dieses Kapitel lädt ein, sich einzufühlen in die Zerrissenheit geflüchteter Menschen zwischen der Sehnsucht nach dem Heimatland und dem Wunsch nach Integration in die Aufnahmegesellschaft. Wir, die wir in sicheren Häusern leben, können nur schwer erahnen, was Menschen erleben, deren Bleiberecht über lange Zeit offen bleibt. Die Annäherung an das Fremde ist ein vorsichtiger, auch verstörender Prozess auf beiden Seiten. Der Fremde ist für uns ein Spiegel, in dem wir uns durch die wahrgenommene Unterscheidung selbst erkennen. Wir wehren das Fremde entweder ab – und haben dafür zahlreiche Strategien entwickelt – oder wir finden unseren eigenen Weg, uns dem Verstehen zu nähern. Und doch wird die Beziehung zwischen Hilfesuchenden und Helfenden in der Regel keine Beziehung auf Augenhöhe.

3.1 Geflüchtete Menschen in Not: Sehnsüchte und Ambivalenzen

Geflüchtete sind nicht humaner und nicht inhumaner als andere Menschen – es sind Menschen in Not, die bei uns Zuflucht suchen. So unterschiedlich wie die Menschen, die hier um mich herum leben. Sie haben einen Beruf ausgeübt, haben Familie, haben ein Haus gebaut, Kinder bekommen, haben sich engagiert und ihr Leben genossen. Deshalb spreche ich ungern von Flüchtlingen, sondern von geflüchteten Menschen, denn die Flucht ist nur ein Merkmal ihres Menschseins. Eine Freiwillige zitiert den von ihr Betreuten mit dem wütend hervorgestoßenen Satz: „I'm not a refugee, I'm Sajad!" Ob sie vor Krieg, Gewalt, Verfolgung oder Armut fliehen, als Opfer oder bewusste Entscheider – hier rechtlich zu unterscheiden und diejenigen auszusortieren, die vorm Verhungern geflohen sind, diese Unterscheidung wird ihnen nicht gerecht. Jeder dieser Anlässe ist eine unerträgliche Notsituation.

Ich wiederhole und ergänze das in ▶ Kap. 2 genannte Zitat: „Der Schutz des Menschen vor Gewalt und Verfolgung ist eine zutiefst menschliche Geste. Nicht nur für den, der solche Hilfe erfahren, sondern auch für den, der sie geben darf. Das Denken in rechtlichen Ansprüchen von Flüchtlingen verdeckt bisweilen das Bewusstsein, dass das Schützen und Beschützen eines Menschen auch für die ‚Aufnahmegesellschaft' einen Wert in sich hat" (Trappe 2015, S. 50). Mich berührt dieser Satz nicht nur in seiner Aussage, sondern auch, weil der Autor Hochschullehrer für Ethik an einer Fachhochschule für öffentliche Verwaltung ist (in Nordrhein-Westfalen), der Menschen für ihre schwere Rolle als „Entscheider" in Asylverfahren ausbildet und ihnen diesen Satz in ihre Praxis mitgibt.

3.1.1 Sehnsüchte

Ich erlebe bei geflüchteten Menschen zwei Sehnsüchte: Die erste ist die Sehnsucht, in die Heimat zurückkehren zu können.

Wenn ich bei einem Playback-Theaterauftritt (siehe Kasten Playback-Theater ▶ Kap. 3) in einem Flüchtlingsheim die Zuschauer nach Wünschen frage, äußern sie fast immer an erster Stelle den Wunsch nach Frieden und Rückkehr in die Heimat und: „Das Haus möge noch stehen." Viele Palästinenser, die in den 1950er-Jahren aus Israel vertrieben wurden, bewahren bis heute die Hausschlüssel der Wohnungen, die sie damals verlassen mussten, in der Hoffnung, zurückkehren zu können. Dies war auch ein wiederkehrendes Thema in einem Playback-Theaterseminar, das ich zusammen mit meiner Kollegin Jutta Heppekausen in einem palestinensischen Flüchtlingscamp durchgeführt habe.

» **Hausschlüssel**

Wir halten sie fest
diese Schlüssel,
wir reisen mit ihnen,
wir Ausgewiesenen,
auch wir.
Das Herz, deine alte
Wohnung,
hat hell erleuchtete Fenster,
die Gesichter drinnen
sind fremd.
Nur im Traum
könntest du eintreten
mit diesen Schlüsseln
die im Wachen so schwer
in den Händen wiegen.

Hilde Domin[1]

Die zweite Sehnsucht – dies macht die Ambivalenz aus – ist der Wunsch nach Integration in die deutsche Gesellschaft, trotz des Wissens oder der Ahnung, wie schwierig bis unmöglich es sein wird, in der Aufnahmegesellschaft eine neue Heimat zu finden. Wahrscheinlich ist das noch unmöglich in der jetzt geflüchteten Generation. Diese zweite Sehnsucht ist verbunden mit dem dringenden Bedürfnis, besser Deutsch verstehen und sprechen zu können, um in Kontakt zu kommen. „Die Welt ist dunkel, wenn du die Sprache nicht kannst", sagte eine Erzählerin bei einem Playback-Theater-Auftritt. Wenn wir in Übergangswohnheimen spielen, werden diese Wünsche auch jedes Mal genannt (bei Kindern in Form von „deutsche Freunde haben", „im Fußballverein

1 Hilde Domin, Hausschlüssel. Aus: dies., Sämtliche Gedichte.

sein", „mit Barbiepuppen mit anderen Kindern spielen"). Außerdem wird immer eine große Dankbarkeit für die Aufnahme in Deutschland benannt. Und es wird oft erzählt von den Dschungeln der Bürokratie.

Wenn ich bedenke, was ich alles organisieren, mit wie vielen Papieren und Ämtern ich umgehen musste, als ich die Vormundschaft für einen unbegleiteten Jugendlichen übernahm, und wie unwillig mich das gemacht hat (obwohl ich die Auflagen verstehen konnte), dann bekomme ich eine Ahnung davon, wie Menschen die Bürokratie in einem ihnen fremden Land erleben. Manchmal stelle ich mir vor, ich käme aus einem Dorf in Afghanistan, ohne Schulbildung, wie mein Mündel, unvorbereitet hierher geschleudert, und ich beobachte mich und meinen Tagesablauf und registriere, was mir alles fremd, mich ängstigend, feindlich und vollkommen unverständlich wäre. Und vor allem wären bürokratische Vorgänge bedrohlich, durch die Amtssprache und ihre Abläufe. Kein Wunder, dass Brecht in den Flüchtlingsgesprächen einem Amtsdokument einen höheren Status einräumt als dem Menschen:

> » Der Pass ist der edelste Teil von einem Menschen. Er kommt auch nicht auf so einfache Weise zustande wie ein Mensch. Ein Mensch kann überall zustandkommen, auf die leichtsinnigste Art und ohne gescheiten Grund, aber ein Pass niemals. Dafür wird er auch anerkannt, wenn er gut ist, während ein Mensch noch so gut sein kann und doch nicht anerkannt wird (Bertolt Brecht 2000. S. 7).

Hier ein Hinweis an uns Verwöhnte: Kein Land genießt eine so große Reisefreiheit wie die Deutschen. Sie können weltweit in 173 Länder ohne Visum einreisen (Stand 2016).

3.1.2 Bleiberecht

Ich bin in Kontakt mit mehreren jungen Afghanen. Deren Unsicherheit in Bezug auf ihren Verbleib in Deutschland beunruhigt mich. Die Zahl derer, die Asyl erhalten, sinkt ständig. Jeder zweite Antrag wird abgelehnt, obwohl die Geflüchteten aus Afghanistan nach Auffassung der UN unter die Genfer Flüchtlingskonvention fallen. Besonders Männer im wehrpflichtigen Alter sieht die UN gefährdet, da sie von nichtstaatlichen Milizen oftmals zwangsrekrutiert werden. Warum dürfen sie nicht bleiben?

> » Die Frage: ‚Darf ich bleiben?' reicht tief hinab in das nächtliche Dunkel unserer eigenen kindlichen Schrecken und Erschrecken, unserer eigenen Verlassenheiten, Einsamkeiten, Fremdheiten. Darf ich bleiben? … Wir Mängelwesen waren (evolutionär) nie Jäger, sondern immer Gejagte, lebens- und überlebensfähig daher nur in Gemeinschaft, in Bindungen und Beziehungen, durch Kooperation und Kommunikation. Darf ich bleiben? In dieser Frage steckt immer noch die panische Angst der Beute vor dem Raubtier. … Unser Staat lässt sich auf diese Frage der Asylbewerber

nicht ein, sondern beantwortet sie mit der Gegenfrage nach dem Recht und der Berechtigung, mit der ein Anspruch auf Asyl erhoben wird. So verwandelt sich unter der Hand der Flüchtling in einen Prüfling (Trappe 2015, S. 56).

Die Wartezeit, das Untätigseinmüssen, ist sowohl für geflüchtete Menschen als auch deren deutsche Begleiter das, was am schlimmsten auszuhalten ist. Da sind sie vereint in Ohnmacht, Wut, Aufregung und dem Gefühl, nur ein winziges, unwirksames Rad im Getriebe der Bürokratie zu sein, abhängig von Undurchschaubarem. Dabei ist gerade die Sicherheit des Aufenthaltes die Grundvoraussetzung für Heilung, für Bewältigung von posttraumatischen Belastungsstörungen, für eine aktive Hinwendung zu unserer Kultur, für gelingenden Spracherwerb und für die Integration. Das Erleben, nicht selbstverständlich dazuzugehören, macht verletzlich. Brecht trifft den Kern der Gefühle in Situationen des Abwartens, wenn er schreibt:

» Nehme ich Flüchtling meine schwere Arbeit wieder auf: Hoffen! (Bertolt Brecht).

Das folgende Beispiel zeigt anhand einer engagierten Aktion, wie Schritte in die Integration behindert werden können:

Schritt in die Integration

Eine freiwillige Deutschlehrerin hat mit ihren Schülern, unter denen ein iranischer Fotograf ist, eine Porträtausstellung der Kursteilnehmer angeregt und organisiert, geplant als einen Schritt in die Integration. Nach der Eröffnung in der Volkshochschule wurde sie mit Spannung gefragt: „Wie war's?" Und sie antwortete: „Traurig war es. Über dem Raum hing eine Schwere, nicht eine Stimmung von Aufbruch, wie ich gehofft hatte." Zwei Tage zuvor waren zwei der Teilnehmerinnen abgeschoben worden.

Der Journalist Bahman Nirumand, 1981 aus dem Iran geflüchtet, beschreibt seine eigene Geschichte:

» Die ständige innere Unruhe, die Ungewissheit meiner Zukunft raubten mir die Fähigkeit, mich zu konzentrieren. Wenn ich auch die Ereignisse intellektuell begriff und sie nachvollziehen konnte, so gelang es mir doch nicht, mich als Teil des Geschehens zu fühlen. Ich stand an einem Abgrund und hatte ständig das Gefühl, hinabzustürzen in ein tiefes Tal. Es erging mir wie dem Vogel im Käfig, der sich jahrelang danach sehnt, fliegen zu können. Irgendwann wird der Käfig geöffnet, doch der Vogel hat inzwischen seine Flügel verloren (Nirumand 2015, S. 36).

3.1.3 Die Anstrengung des Vorläufigen und der weite Weg in die Integration

Die geflüchteten Menschen leben in der Regel länger als geplant in Massenunterkünften. In der Erstaufnahme sollten es sechs Wochen sein, es sind aber meistens sechs Monate. Danach ziehen die Menschen für unbestimmte Zeit in Übergangsheime, so die Regel in Bremen. In der Erstaufnahme gibt es keine Selbstverpflegung, sondern geliefertes Catering ohne Berücksichtigung kultureller Differenzen. Für 100 Menschen drei Duschen – das ist keine Seltenheit. Es gibt eine hohe Fluktuation, täglich müssen sich die Menschen mit neuankommenden Fremden auseinandersetzen. Dabei ist nachvollziehbar: Eine zeitlich befristete Situation lässt sich leichter ertragen als der unbefristete Zustand.

Die Heime sind in der Regel riesig, dadurch entstehen Parallelwelten, ohne Kontakt zur umwohnenden Bevölkerung. Das wiederum nährt Vorurteile. Auch die ständige Anwesenheit der Security trägt nicht dazu bei, dass im Heim oder in der Umgebung sich Normalzustände des Zusammenlebens entwickeln können. Ist die Unterkunft dann noch von einem hohen Zaun umgeben, so sinnvoll der sein mag, verstärkt sich das Gefühl von Gefängnis und das Gefühl, Kontakt ist gefährlich.

Der Geräuschpegel ist Tag und Nacht hoch, das hat zur Folge, dass es keine Erholungsphasen gibt und die Aggressionsbereitschaft steigt. Wenn jemand sich freiwillig in solch ein eng gedrängtes Zusammenleben begibt, ist die Motivation, sich zu arrangieren, größer. Aber hier werden Menschen unabhängig von ihren Wünschen und ihrer Prägung in ein fremdbestimmtes System gezwungen, ohne ein festes Tagesprogramm, das Sinn macht und Erfolgserlebnisse ermöglicht.

Das psychosoziale Leben wird in großem Ausmaß von rechtlichen Bedingungen geprägt. Dazu kommen die psychischen Belastungen wie Heimweh, Traumatisierung, Einsamkeit und Verluste (von sozialen Kontakten, von Gütern und sozialen Positionen im Heimatland).

Es gibt keine bundesweiten Standards für die Unterbringung, jedes Bundesland regelt selbst, was es unter einem menschenwürdigen Umgang mit Geflüchteten versteht. Und dann höre ich immer mal wieder: „Die sollen doch froh sein, wenigstens haben sie ein Dach überm Kopf." Ich habe hier die Lebensbedingungen unter diesem „Dach" beschrieben, um zur Einfühlung darüber anzuregen, welchen Wert ein Dach hat, das nicht sicher ist und das nicht das bietet, was ein Dach bieten sollte: Ankommen können und Ruhe finden nach einer langen Reise.

Gegenüber dieser realen Situation möchte ich andeuten, welch ein langer Weg es ist bis zur Integration.

Schritte in die Integration können überhaupt erst dann gegangen werden, wenn der Aufenthaltsstatus geklärt und ein angemessenes Wohnen und Wohnumfeld gefunden sind. Integration heißt, nach Misun Han-Broich, zu einem Gleichgewicht in dreifacher Hinsicht zu kommen, auf den Ebenen von Fühlen, Denken und Handeln:

- auf der seelisch-emotionalen Ebene (Geborgenheit und Sicherheit, Anerkennung, gefühlte Nähe zur Aufnahmegesellschaft, positive Gefühle sich selbst gegenüber, Erfahrung von Respekt und Akzeptanz)
- auf der kognitiv-kulturellen Ebene (ausreichende deutsche Sprachkenntnisse, Orientierungswissen für ein selbständiges Leben, Kenntnisse über Normen und Werte in der Aufnahmegesellschaft)
- auf der sozial-strukturellen Ebene (Zugang zu Erwerbstätigkeit, finanzielle Unabhängigkeit, Partizipation an gesellschaftlichen Aktivitäten, Zugang zu gesellschaftlichen Einrichtungen und angemessener Wohnraum).
  (nach Han-Broich 2015)

3.2 Das Fremde: Verstehen und Auseinandersetzen

In den Tempeln des tibetischen Buddhismus gibt es grauenerregende Skulpturen von Dämonen, die Anteile der eigenen, inneren Fremdheit und damit des Bösen darstellen (so die heutige Auslegung). Von Zeit zu Zeit werden diese Skulpturen von den Mönchen mit Tüchern abgedeckt, mit der Begründung, Menschen könnten die Begegnung mit ihrem inneren Fremden nicht durchgehend aushalten.

3.2.1 Das Fremde als Spiegel

Das Fremde wird dann besonders fremd und damit unheimlich, wenn es ins Heimische, Heimatliche, ins Vertraute eindringt. Denn in der Fremde finden wir das Fremde zwar fremd, aber eher verlockend als bedrohlich. Ein Beispiel aus meiner eigenen Erfahrung beschreibt diese Auseinandersetzung des eigenen Ichs mit dem Fremden:

Irritation

In einer Kunstausstellung in Bremen (Sammlung Reydan Weiss, Museum Weserburg im Juni 2016) bemerkte ich – fast im Vorübergehen – eine wenig auffallende Skulptur, einen konventionellen Frauenakt in patinierter Bronze (Olaf Metzel). Dieser Frauenakt aber trug – ein Kopftuch, nach arabischer Art gebunden. Der Irritation und dem Gefühl, „hier stimmt was nicht", folgte ein zweites Hingucken und dann die Frage: Darf man das? Was nimmt der Künstler sich da heraus? Da begegnen mir zwei scheinbar unvereinbare Aussagen in einer Figur. Der Akt, mir so vertraut, meine europäische Kultur, und dann das muslimische Attribut. Plötzlich kommt das Fremde ganz nah an mich heran, vermischt sich mit mir und ich spüre Unbehaglichkeit, Verstörung. Wegen des Kopftuches ist mir der nackte Körper plötzlich peinlich, ich betrachte das mir sonst so Vertraute mit anderen Augen. Durch den Blick auf das Fremde verändert sich mein Blick auf das Eigene und ich betrachte das Eigene plötzlich wie etwas Fremdes, muss ihm standhalten, es aushalten, bis es wieder zu meinem Eigenen wird (siehe ◘ Abb. 3.1).

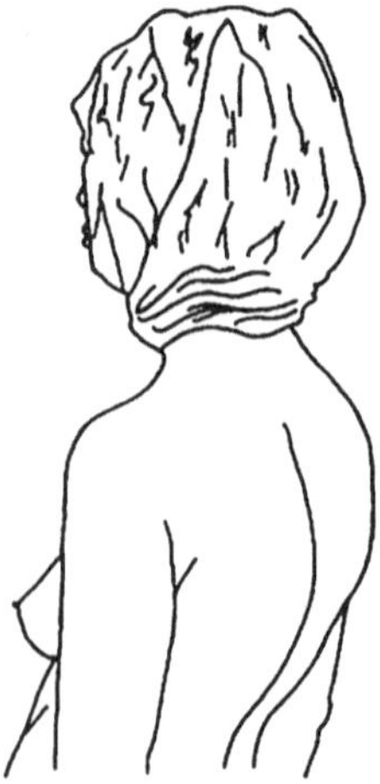

Abb. 3.1 Turkish Delight, Zeichnung von Iris Busch nach Olaf Metzel

» Das Ich wird erst im du zum Ich (Martin Buber).

Um diesen Weg vom Eigenen zum Fremden und wieder zum Eigenen zu gehen, muss man bereit sein, die eigenen verinnerlichten Vorstellungen loszulassen, ein Gefühl der Hilflosigkeit zu ertragen und sich die eigene Verletzlichkeit einzugestehen. Ganz gleich, ob wir einem Fremden gegenüberstehen, ob uns in Supervision oder Beratung ein fremdes Milieu begegnet oder ob wir Fremdes in uns selbst entdecken – die Reaktion ist erst einmal Argwohn, Unsicherheit, Angst oder Neugier, Faszination, Verstörung, Prickeln, Verführung, Eroberungswunsch. „Fremde bedeuten das Fehlen von Klarheit, man kann nicht sicher sein, was sie tun werden, wie sie auf die eigenen Handlungen reagieren würden; man kann nicht sagen, ob sie Freunde oder Feinde sind – und daher kann man nicht umhin, sie mit Argwohn zu betrachten" (Zygmunt Baumann 2000, S. 39). Und Argwohn und Angst haben in diesem Zusammenhang zu tun mit „unbekannt" und nicht mit „Ausland". Wir wissen nie beim Fremden, ob er in feindlicher oder freundlicher Absicht kommt, ob er ein Dieb ist oder Geschenke bringt.

Aber diese Ambivalenz ist schwer aushaltbar, wir möchten Eindeutigkeit. Also erklären wir den Fremden entweder zum Freund oder Feind. Wie werden Differenzen wahrgenommen, festgeschrieben und überzeichnet? Wie werden zwischen Eigenem und Fremdem Grenzen gezogen, gefestigt und geschützt? Dinge, die wir ablehnen, werden als fremd bezeichnet und in der Folge als fremd wahrgenommen. Dinge, die wir gut finden, werden dem eigenen zugeordnet und wir identifizieren uns mit ihnen. Das Fremde dient als Projektionsfläche. Dabei gibt es nicht *das* Fremde, sondern das, was *mir* fremd ist, was mir unzugänglich und angstmachend erscheint.

Schwarze Löcher

In einer Supervisionsgruppe mit Pflege- und Adoptiveltern gab es immer mal wieder das Thema der „schwarzen Löcher". Damit bezeichneten die Teilnehmerinnen Situationen zwischen sich und ihren Kindern, in denen sie sich vollkommen fremd fühlten, unverstanden und nicht verstehend. Durch Malen, Rollenspiele und Einfühlungen versuchten wir, die schwarzen Löcher zu durchdringen oder Brücken zu bauen. Manchmal gelang es, manchmal aber blieb die Fremdheit fremd und schwarz. Das erzeugte Irritation, Verzweiflung und Angst.

Methodenbox

Das Fremdheitsdreieck

Ausgangssituation (z. B.): Die Aussage in einer Fallsupervision: „Das ist mir total fremd".
Ziel: Differenzieren des „fremd", Zugänge zum Verstehen schaffen.
Ablauf: Ich lege mit einem Seil ein Dreieck aus mit den Ecken: Ich – fremd – vertraut und bitte die Supervisandinnen, bei entsprechenden Fallsupervisionen, Karten zu beschriften und sie skalierend auf die passenden Linien zwischen „ich" und „fremd" und zwischen „ich" und „vertraut" zu legen zu den Fragen: Was konkret ist mir sehr fremd an diesem Menschen, dieser Familie, dieser Gruppe? Was ist mir ein bisschen fremd? Was ist mir eher vertraut? Was kenne ich auch von mir? Wovon gibt es eine Ahnung, dass es auch mit mir zu tun haben könnte?
Die Fremdheit bekommt in diesem Prozess ein Gesicht und wird erkundbar. Und die Teilnehmenden entdecken mehr Vertrautes als vorher angenommen (siehe ◻ Abb. 3.2).

◻ Abb. 3.2 Fremdheitsdreieck. (Eigene Darstellung)

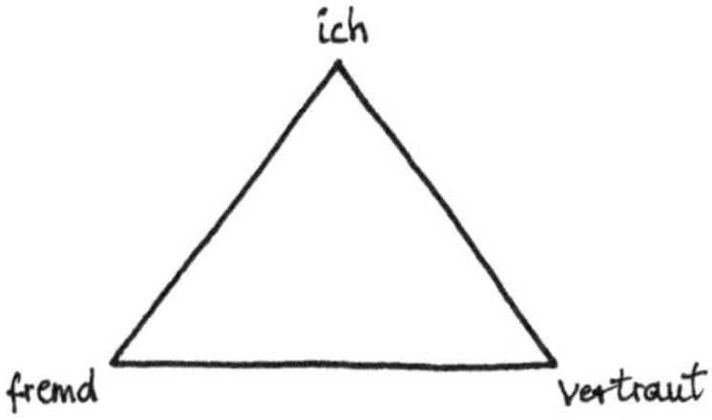

Aber trotz Angst kommen wir nicht darum herum, uns dem Fremden zu nähern. Jeder Mensch braucht Fremdes und die Fremden als Gegenüber, um sich zu entwickeln, um sich in der wahrgenommenen Unterscheidung selbst zu erkennen. Und er braucht es, vom anderen verstanden zu werden. Das ist eine der Aufgaben der Supervisorin, den fremden Blick anzubieten, das fremde Gegenüber zu sein. „Um zu wissen, wer ich selber bin, muss ich erst von außen verstanden worden sein. Alle unverstandenen Erfahrungen werden erst im Spiegel des Anderen zu Selbsterfahrungen und damit zum Eigenen" (Heinerth 1999). Und wir suchen, abhängig vom Grad der eigenen Stabilität, auch immer ein gewisses Maß an Fremdheit, um „der Langeweile des Eigenen" zu entgehen (Heinerth 1999). Narziss, der Göttersohn, gestraft mit unstillbarer Selbstliebe, verschließt sich allen Kontakten, jeder Spiegelung durch Fremde und stirbt daran.

3.2.2 Abwehrmechanismen

Menschen sterben in der Regel nicht durch den Kontakt zu Fremdem, aber wir haben ein reiches Repertoire entwickelt, das Fremde abzuwehren und die eigene Angst nicht zu zeigen (siehe ■ Tab. 3.1).

■ **Tab. 3.1** Bekannte Mechanismen zur Abwehr des Fremden. (Unter Verwendung einer Tabelle von Jürgen Ziemer 2006)

Verleugnung	Diese steckt hinter der Behauptung, dass das Fremde einem nichts ausmacht, dass man gut damit umgehen kann. „Ich bin weltoffen und tolerant, mich erschrickt das nicht. Dich etwa?"
Vereinnahmung	Hier wird Unbekanntes auf Vertrautes zurückgeführt, es wird geleugnet, dass es etwas Fremdes gibt. „Das ist doch gar nicht so fremd, das hab' ich alles auch schon mal erlebt, das sind doch Menschen wie du und ich."
Transformation ins Gemeinsame	Mit Macht wird eine Gleichheit hergestellt, Differenz wird geleugnet, alle Unterschiede werden ausgeräumt. „Was zählt, ist doch, dass wir alle Menschen sind."
Abgrenzung	Sie kann sich durch Fürsorge tarnen. Eine Fürsorgehaltung kann versteckte Fremdenfeindlichkeit sein. „Ich will nur das Beste für ihn. Wir passen nicht zueinander. Trennung ist auch für den Fremden das Stimmigste."
Idealisierung	Sie zeigt sich in Enthusiasmus und Begeisterung. Alles was Geflüchtete tun, wird gelobt oder entschuldigt, das eigene Engagement erlebt Entgrenzung: „Die brauchen mich und ich opfere mich auf."
Ästhetisierung	Der Fremde wird zum edlen Wilden, wird zum exotischen, faszinierenden Fremden. „Schaut mal, um wen ich mich kümmere. Mein Schmuckstück."
Paternalismus	Dieser erhebt sich über den anderen. „Ich kümmere mich um dich und ich weiß besser als du, was du brauchst. Lass mich nur machen."
Vermeidung	Die Welt wird enger, einfacher und überschaubarer gemacht, um das eigene Selbstwertgefühl zu erhalten. Alle Informationen, die der eigenen Meinung widersprechen, werden ignoriert.

Die Fremden fremd sein lassen und in ihrer Fremdheit akzeptieren: Das ist die Voraussetzung, um gemeinsam hier zu leben. Das Fremde kann uns irritieren, kann uns verstören, aber es ist nicht gut oder böse, es ist nur fremd. Und unter Umständen bleibt es mir auch fremd. Auf dieser Grundlage kann Annäherung beginnen. Denn wenn ich das Fremde sehe und akzeptiere, kann ich auch das Verbindende entdecken. Das scheint mir die Bedingung dafür zu sein, dass Fremde mit Fremden leben können. „Distanz bedeutet, dass der Nahe fern ist, die Nähe, dass der Fremde nah ist" (Simmel 2010, S. 59).

Methodenbox

Inneres Team
Ausgangssituation (z. B.): Supervisandin spürt in sich widersprüchliche Gefühle zu einer Situation.
Ziel: Innere Klärung.
Ablauf: Supervisandin wählt einen Stuhl für sich im Raum. Dann einen Stuhl für das vordrängendste Gefühl und positioniert ihn im Raum, setzt sich auf den Stuhl und spricht als das Gefühl. Zurück auf ihrem Stuhl hört sie sich das an. Nacheinander erspürt sie weitere, in der Regel leisere Gefühle, weist ihnen einen Platz im Raum zu und lässt sie zu Wort kommen. Immer wieder kehrt die Supervisandin auf ihren Stuhl als „Chefin" der Gefühle zurück. Sie entscheidet, welchen Gefühlen sie wie viel Gehör schenken will, welche sie in den Vordergrund rückt, und stellt fest, dass sie die Macht hat, Dingen Bedeutung zu geben oder nicht.

3.2.3 Annäherung Schritt für Schritt

Unsichere Schritte …
Vom Bundesfamilienministerium wurde ein Projekt initiiert, das von mehreren freien Trägern umgesetzt wurde: „Ankommenspatenschaften". Ein gedacht niedrigschwelliges Angebot für Menschen, die in das Engagement für geflüchtete Menschen einsteigen möchten, und für geflüchtete Menschen, um erste Kontakte zu knüpfen: Eine Freiwillige trifft sich dreimal mit einem oder einer Geflüchteten und zeigt die Stadt und darin vor allem die für den Geflüchteten relevanten Orte (Einrichtungen, Initiativen für Kinder, Kultur, Bildung, Gesundheit, Arbeit …) oder nimmt einfach nur Kontakt auf. Drei Treffen sind verpflichtend in dem Projekt, darüber hinaus kann es sich je nach Beziehung frei weiterentwickeln. Meine Aufgabe war es, einige der Vor- und Nachbereitungstreffen bei der Umsetzung in der Freiwilligenagentur Bremen moderierend zu begleiten. Bei der Werbung für dieses Projekt zeigte sich ganz viel Angst bei Menschen, die sich in anderen Bereichen stark und

selbstverständlich engagieren. Die Angstgründe waren: „Ich bin eher eine Zuhörende, und in diesem Fall muss ich doch anbieten, muss die Aktive sein", „Ich habe Angst vor Vereinnahmung, die wollen dann plötzlich ganz viel von mir, mehr als ich geben will", „Ich weiß von mir, dass ich mich nicht abgrenzen kann", oder auch „Ich habe keinen Mann, keine Kinder und keine Enkel, ich kann also keine Fotos zeigen, und Familie ist doch bei den Geflüchteten so wichtig".

Ich zitiere diese Angst- und Abwehrargumente deshalb im Original, weil drei von diesen vier Äußerungen keine Erfahrungen, sondern Fantasien und Zuschreibungen sind. Das erlebe ich als ein großes Problem beim Umgang mit dem Fremden: Dass Zuschreibungen und Interpretationen als Beobachtungen und Wahrheiten ausgegeben werden.

... werden zu sicheren Schritten

In den oben geschilderten Äußerungen ist aber Bewegung. Eine der Befragten sagte: „Ich habe jetzt eine Freundin zu ihrem Engagement in ein Wohnheim begleitet und habe so viel Herzlichkeit erlebt, jetzt ist mein Eis gebrochen." Und eine andere: „Ich will unbedingt bei dem Projekt Ankommenspaten mitmachen. Ich warte nur die Erfahrungen des ersten Durchgangs ab."

Obwohl – bei der Durchführung in Bremen – fast 50 % der Ankommenspaten über die drei verpflichtenden Treffen hinaus in Kontakt mit den geflüchteten Menschen geblieben sind, wurde das Projekt als schwierig bewertet: Bei den Paten entstand ein Druck, Gemeinsamkeiten zu finden, wo es keine gab. Die Geflüchteten selbst nannten in der Regel keine Wünsche und sagten zu allen Vorschlägen aus Höflichkeit „ja", was die Patinnen verunsicherte. Aufgrund der Verständigungsschwierigkeiten waren verbindliche Absprachen oft schwierig. Und da es ein bundesweites, gefördertes Projekt war, gab es Dokumentationspflichten, die die Paten als alltagsfremd und verärgernd empfanden. Am erfolgversprechendsten scheinen zurzeit Gruppentreffen zu sein (Jugendliche aus dem Freiwilligen Sozialen Jahr und geflüchtete Jugendliche), die sofort WhatsApp-Gruppen anlegen und offene Gruppenverabredungen treffen.

Manchmal braucht es nur einen ganz geringen Anstoß, um Bewegungen auszulösen, positive und negative. Beide können Einstellungsveränderungen zur Folge haben. Negative Zuschreibungen können lebenslang andauern: Wir wehren Ungeliebtes, Fremdes in uns selbst ab und übertragen es auf den realen Fremden. Dann können wir ihn kritisieren. So kann Rassismus entstehen: Man projiziert die eigenen Schatten auf den anderen und damit „idealisiert man sich selbst und das kann sich leicht auf die eigene ethnische Zugehörigkeit ausweiten. Man ist dann ein Angehöriger einer idealen Ethnie ..." (Verena Kast 2015).

Und es ist eine Ambivalenz, die schwer aufzulösen ist: Wir brauchen das Fremde, um uns zu entwickeln, und schrecken gleichzeitig davor zurück. Neugier und Angst, ein uns schützendes und vorwärts bringendes Paar. „Nie spiegeln wir uns so wie im Urteil über andere" (Erich Fromm).

Die Beunruhigung, die die geflüchteten Menschen jetzt so massiv auslösen, wird oft als Angst vor den Massen benannt, die 2015 gekommen sind und die wieder kommen könnten und mit ihr die mögliche Unendlichkeit dieses Kommens. (Dabei sind nach dem Zweiten Weltkrieg 4,5 Mio. Flüchtlinge nach Deutschland gekommen und integriert worden und die Zuwanderung aus dem europäischen Ausland ist größer als die der Geflüchteten). Wenn diese Angst benannt wird, ist nach den Gründen zu fragen. Denn wenn Angst nicht konkretisiert wird, lässt sie sich nicht abbauen, sondern wächst. Ist es die Angst vor nicht zu schaffender Integration? Die Angst, selbst nicht mehr so wichtig zu sein, die eigenen Privilegien zu verlieren? Die Angst vor den Ängsten der Geflüchteten? Die Angst, unseren Reichtum teilen zu müssen …?

Vielleicht gibt es auch unbewusst die Phantasie und tief sitzende Angst, die Geflüchteten könnten unser Land übernehmen und ausbeuten und uns zu Sklaven machen, wie Europäer es in Afrika und Amerika mit den indigenen Völkern gemacht haben.

Oder, eine mögliche kollektive, unbewusste Fantasie, die die Schweizer Analytikerin Verena Kast geäußert hat, stammt aus dem mythischen Bereich der Märchen: Diskriminierte, außenstehende Figuren wie Aschenputtel, die kluge Bauerntochter, Sterntaler, das tapfere Schneiderlein werden zu Königinnen und Ministern. Welche Positionen werden die Geflüchteten bei uns einmal einnehmen? (nach Kast 2015)

» Der Fremde sei nicht zu verstehen als der, der heute kommt und morgen geht, sondern als der, der heute kommt und morgen bleibt – sozusagen der potenziell Wandernde, der, obgleich er nicht weitergezogen ist, die Gelöstheit des Kommens und Gehens nicht ganz überwunden hat (Simmel 2000, S. 59).

Das könnte bedrohlich werden für unsere Vorstellung von gesellschaftlicher Ordnung.

Diese Ängste machen den qualitativen Sprung aus gegenüber der Fremdheit, die bisher bewältigt werden musste in sozialen Feldern und immer wieder bewältigt werden muss.

3.2.4 Der Wunsch nach Begegnung auf Augenhöhe

Vor allem Freiwillige benennen oft den Anspruch, den Geflüchteten auf gleicher Augenhöhe zu begegnen. Er entspringt der Sehnsucht nach gleichberechtigtem Zusammenleben in sozialer Gerechtigkeit, und es ist zu schmerzlich, festzustellen, dass dem nicht so ist. Der Anspruch ist illusorisch, sowohl geschichtlich als auch aktuell. Wer waren wir Europäer in den Herkunftsländern der Geflüchteten, welche Rolle haben wir dort gespielt in 400 Jahren Kolonialherrschaft? Wir waren die Herren und Beherrscher, haben Sklaven verkauft und Bodenschätze in unseren Besitz gebracht. Historisch und aktuell gibt es Spuren von Ausbeutung durch den dominanten Norden auf der ganzen Welt und dies schafft Demütigung und Perspektivlosigkeit im Süden. Wie viele Generationen braucht es, um auf gleiche Augenhöhe zu kommen? Und wir wissen oder ahnen: Dass es uns heute so gut geht, hat mit der gnadenlosen Ausplünderung der Welt durch uns zu tun. Gleiche Augenhöhe würde voraussetzen, dass Europa auf einen großen Teil seiner Privilegien verzichtet.

Und: Wir sind das Aufnahmeland, wir geben die Regeln vor, wir bestimmen, wie viel wir geben, was wir fordern, was wir verweigern. Wir wollen vermitteln, was gut und richtig ist. Wir leben unerreichbare Lebensstile vor. Wir bieten Hilfe an, die geflüchteten Menschen sind auf Hilfe angewiesen. Helfen und Bestimmen liegen nah beieinander.

Nur ein paar Eier

Eine Supervisandin erzählt: „Ich habe einen Jugendlichen, der frisch in eine Wohngemeinschaft gezogen ist, in der die Jugendlichen sich selbst verpflegen, bei seinem allerersten Supermarkteinkauf begleitet. Der Jugendliche achtete beim Griff in die Regale weder auf Preise noch auf Qualität. Sollte ich Hinweise geben, eingreifen oder ihn erst einmal machen lassen? Ich habe mich fürs Letztere entschieden, aber beim Griff zu den Eiern aus Bodenhaltung stockte mir für einen Moment der Atem."

Diese Erzählung regt eine bereichernde Diskussion in der Gruppe über die Bedeutung von bestimmten Lebensstandards und -einstellungen an. Mir fällt dazu die Liedzeile aus der Ballade „Wovon lebt der Mensch" ein: „Erst kommt das Fressen, dann kommt die Moral." (Brecht 2000). Die Teilnehmer tragen auf einer Skala von 1–10 ein, welche Alltagsverständnisse bei ihnen welchen Stellenwert haben (z. B. Bioernährung, Tagesschau gucken, Autofahren, Kulturveranstaltungen, ökologisches Verhalten …) und vergleichen es dann mit den Verständnissen, die sie bei den Geflüchteten als bedeutsam erleben. Und stellen fest, wie oft sie das Bedürfnis haben, den Geflüchteten ihre eigenen Einstellungen aufzudrücken: Fragen beantworten, die gar nicht gestellt sind, aus Rettungsfantasien und Selbstüberschätzung heraus handeln, zu wissen glauben, was gut für die Menschen ist, und schwer aushalten können, wenn Hilfsangebote abgelehnt werden.

Der Wunsch nach gleicher Augenhöhe hat auch mit unserem schwierigen Umgang mit dem Machtbegriff zu tun. Wir wollen unsere Macht nicht wahrhaben. Und wir wollen die Vorteile, die sozial und psychologisch aus der Situation entstehen, dass uns, die wir hier lange leben, der Alltag vertraut und selbstverständlich ist, nicht sehen. Die Reflexion der eigenen Privilegien und das Eingestehen der Machtunterschiede ist unangenehm.

Methodenbox

Skalieren

Ausgangssituation (z. B.): Es gibt unterschiedliche Meinungen in einer Gruppe, die Diskussion darüber ist verwirrend.

Ziel: Klarheit darüber gewinnen, wer wo steht und wer welche Haltung vertritt.

Ablauf: Ein Seil oder Wollfaden wird ausgelegt und die Enden werden beschriftet, mit 1 und 10, oder den zwei am weitesten auseinanderliegenden Meinungen. Die Teilnehmenden stellen sich an den Platz auf der Linie, der für sie stimmt. Für mich ist es wichtig, dass die Teilnehmenden sich tatsächlich hinstellen (die eigene Meinung „vertreten"), ihre Position erläutern und in dieser für alle sichtbar sind.

Literatur

Baumann, Z. (2000). Vereint in Verschiedenheit. In J. Berghold et al. (Hrsg.), *Trennlinien* (S. 35–46). Klagenfurt: Drava.

Bleckwedel, J., Witte, K. und Frank-Beckwedel, E. (2012). Positionierung und Allparteilichkeit. Leitlinien für Beratung und Supervision in Fällen von sexuellen und gewalttätigen Übergriffen. In *Supervision*, Heft 2/2012. S. 26–33.

Brecht, B. (2000). *Flüchtlingsgespräche*. Frankfurt: Suhrkamp.

Han-Broich, M. (2015). *Ehrenamt und Migration*. Präsentation für den BBE (Bundesverband Bürgerschaftliches Engagement). Zugegriffen am 20.2.2015.

Heinerth, K. (1999). Die Notwendigkeit des Fremden für das Eigene. www.heinerth.de/Notwendigkeit des Fremden.htm. Zugegriffen am 15.4.2016.

Kast, V. (2015). Das Fremde in uns. http:www.3sat.de/page/?source=/kulturzeit/themen/183100/index.htm Interview am 3.9.2015.

Kühn, Y., & Reinfelder, E.-C. (2016). Entfremdungsprozesse. *Supervision*, *1*, 75–83.

Möhring, P. (1998). Zum psychoanalytischen Verständnis von Migration und interkultureller Begegnung. In C. Büttner et al. (Hrsg.), *Brücken und Zäune*. Gießen: Psychosozial-Verlag.

Nassehi, A. (2015). *Wohin flüchten?* Kursbuch 183.

Nirumand, B. (2015). Vom Leben im Exil. In A. Jeschke (Hrsg.), *Und das ist erst der Anfang*. Hamburg: Rowohlt.

Simmel, G. (2008). Exkurs über den Fremden. In *Sternstunden der Soziologie*. Frankfurt: Campus.

Trappe, T. (2015). Zur Ethik der Asylverwaltung. In E. Bittenbinder (Hrsg.), *Grenzbereiche der Supervision*. Göttingen: Vandenhoeck & Ruprecht.

Volkan, & Vamik (2016). Psychoanalytische Gedanken zur europäischen Flüchtlingskrise und zum Fremden. *Forum Psychoanalyse*, Artikel DOI 10.1007/s00451-016-0232-0.

Witte, K. (2016). Von der Notwendigkeit des Fremden für das Selbst. *Supervision*, *1*, 88–94.

Ziemer, J. (2006). Zwischen Furcht und Faszination. Das Fremde als alltägliche Herausforderung. *ezi Korrespondenz*, *22*, 9–16.

Fragen statt Ausfragen – von der Notwendigkeit, viel zu fragen, um zu verstehen

K. Witte, *„Versteh mich nicht zu schnell" – Achtsames Arbeiten mit geflüchteten Menschen*,
DOI 10.1007/978-3-658-17041-7_4

Zusammenfassung
Dieses Kapitel soll Ihnen Mut machen, Fragen zu stellen, und fördert gleichzeitig die Sensibilität, bewusst und nicht beschämend mit Fragen umzugehen. Die Aufforderung „versteh mich nicht zu schnell" bietet die Chance, durch viel Nachfragen genauer und tiefer zu verstehen. Alle, Betreuer und Betreute, möchten schnell verstehen, sei es aus Scham, aus dem Wunsch heraus, dazuzugehören oder aus dem Rollenverständnis (der Betreuer), die Verstehenden sein zu wollen. Aber Sie erfahren auch die „obszöne" Seite (Aron Bodenheimer) des Fragens. Fragen können Statusunterschiede schaffen und Macht ausdrücken: Wer fragt, beherrscht das Gespräch.
Die Facetten des Fragens werden am Beispiel des Playback-Theaters aufgezeigt – einer Theaterform, die in improvisierten Szenen erzählte Erlebnisse des Publikums auf der Bühne widerspiegelt (play back).

4.1 Mut zum Fragen

Meine Beobachtung ist, dass die Angst, Fragen zu stellen, sich Fragen zu erlauben, den Austausch und das kulturelle Verstehen erschwert.

Die Unsicherheit und Angst, die viele Menschen davon abhalten, zu geflüchteten Menschen Kontakt aufzunehmen, ist das Gefühl, sich das nicht zuzutrauen, nicht zu wissen wie. Es gibt zu wenig Mut, Fragen zu stellen, behaupte ich. Die Betreuer der Einrichtungen klagen oft, dass sie wenig wissen über die einzelnen Kulturen, aus denen die Menschen kommen, die sie betreuen. „Fragt doch nach!", rate ich ihnen und erarbeite mit ihnen Fragen. Fragen sind Zeichen von Interesse und knüpfen Verbindungen, schaffen Netze von gegenseitiger Emotionalität.

Es wird einerseits immer wieder die Angst genannt, durch Fragen Retraumatisierungen auszulösen. Andererseits führen Fragen auch zur Heilung, denn sie bringen auch Erinnerungen hervor, die Kraft geben. In Gefangenenlagern in Syrien und im Libanon wurden die Handys der Gefangenen vor ihren Augen zerstört, um Erinnerung zu brechen.

Fragen holen Erinnerung wieder hervor und halten sie lebendig. Und je nachdem, wie und was gefragt wird, können sie ein Angebot zum Perspektivenwechsel sein, graue Bilder mit wärmeren Farben zu überziehen. Deutlich wird das an folgenden Beispielen aus dem Playback-Theater, das erzählte persönliche Geschichten der Zuschauer spontan auf die Bühne bringt. Das Geschichtenerzählen ist gerade heute so wichtig, weil das Erzählen von Geschichten eine zutiefst menschliche und würdevolle Art ist, schwierigen Situationen Sinn zu verleihen.

Gut zu wissen: Playback-Theater

Das Playback-Theater ist ein interaktives Theater, eine besondere Form des Improvisationstheaters. Die Zuschauenden liefern den Stoff für die kurzen Szenen: Einen Satz, ein Erlebnis (aktuell oder vergangen, dramatisch oder alltäglich), einen Wunsch, einen Traum … Aus dem Erzählten wird von den Schauspielern auf der Bühne spontan eine Szene entwickelt und diese wird den Erzählern „zurückgespielt" (play back). Eine Moderatorin vermittelt zwischen Publikum und Bühne und „schützt" die Erzähler. Live-Musik untermalt die Szenen und unterstützt die Ebene der Gefühle. Jede Szene samt Erzählung ist sowohl ein künstlerischer als auch ein sozialer Prozess (in der Zuschauergemeinschaft). Das Playback-Theater eignet sich sowohl für Tagungen, öffentliche Aufführungen, als auch für Aufführungen in geschütztem Rahmen, wie es z. B. Aufführungen in Übergangsheimen für Geflüchtete sind. Es hat die sehr wertschätzende Botschaft: Alles was Menschen erleben, ist es wert, auf der Bühne gezeigt zu werden. Und diese Botschaft erreicht die Zuschauenden und zeigt sich im Erstaunen und in der Dankbarkeit darüber, die eigene Geschichte von der Bühne (und vor Zuschauenden als „Zeugen") widergespiegelt zu bekommen, oft mit einer neuen Erkenntnis verbunden. Und für Auftritte vor geflüchteten Menschen sind noch zwei Merkmale wichtig: Lachen und Emotionen sind zwei wesentliche Elemente des Playback-Theaters. Und beide haben eine Bedeutung für die Bewältigung von Traumata.

Wie kann das Playback-Theater für Supervision und Beratung hilfreich sein?

- Erstens durch das konkrete Zeigen von dem, was erzählt wird. Dadurch entsteht eine große Nähe und Identifikation, „so war/ist es wirklich". In der Supervision kann dies durch Symbole, Steine, das Aufstellen von Stühlen oder das Spielen einer Szene mit den Gruppenteilnehmerinnen geschehen.
- Zweitens durch die Fragen, mit denen die Moderatorin (die in diesem Fall der Supervisorin/Beraterin gleichzusetzen ist), den Erzähler (den Protagonisten) interviewt und unterstützt. Die gestellten Fragen helfen, der Erzählerin Lust auf das Erzählen zu machen und Spielstoff für die Schauspielerinnen zusammenzutragen. Die Fragen dürfen den Erzähler nicht beschämen und beim Publikum keinen Voyeurismus fördern. Jeder hat ein Recht auf seine Geschichte, ob sie sich nun so abgespielt hat oder nicht.
- Drittens durch die Verbindung von künstlerischer und sozialer Aktion. Es geht darum, Bilder zu kreieren. Auch der Supervision würde ich wünschen, dass sie sich als einen künstlerischen Prozess begreift.

Es sind die vier Dialogprinzipien von William Isaacs, denen das Playback-Theater folgt und die identisch sind mit Prinzipien in Supervision und Beratung.

- **Zuhören** – wie ein leeres Gefäß sein, das Gehörte aufnehmen und auf sich wirken lassen

- **Respektieren** – Verzicht auf jede Form von Abwehr oder Bewertung. Das Gehörte als etwas Fremdes betrachten und damit auch dem Erzählenden ermöglichen, fremd/neu auf das Erzählte zu blicken
- **Suspendieren** – Erkennen und Beobachten eigener Gedanken, Emotionen und diese anbieten, sowohl im Spiel als auch in der Moderation
- **Artikulieren** – das Wiedergeben, Finden der eigenen Sprache und Bilder auf der Bühne als eine Antwort an das Gehörte, das für den Erzähler oft einen neuen Blick auf das Erzählte ergibt (Isaacs 2002).

Bei einem Playback-Theaterauftritt in einem Übergangswohnheim für geflüchtete Menschen erzählte Djamal, ein Musiker aus Syrien, von seiner Flucht. Die Moderatorin hat ihn nicht nach den Schrecken der Flucht gefragt, um diese zu spielen, sondern nach dem Wunder, wie er es geschafft hat, sein geliebtes Instrument, eine Oud, durch alle Fluchtwirren bei sich zu behalten. Und das haben wir dann in einer Szene gespielt. Als Rabia und Kalil, zwei Geschwister, von ihrer Angst auf dem Meer erzählten, haben wir gefragt, welche Bedeutung es hatte, dass sie zu zweit waren, und haben die Kraft gespielt, sich gegenseitig zu halten und zu trösten. Diese Bilder, das Bild von zwei Jugendlichen, die sich inmitten des Chaos und der Gefahr aneinanderhalten und das Bild eines Mannes mit seinem Instrument – Letzteres gespielt von einer mit einem silbernen Tuch bedeckten Schauspielerin, die sich als Instrument eng an den Spieler von Djamal schmiegte –, diese Bilder bleiben als ein innerer Schatz den Erzählenden erhalten. Als Zahra von der Zerstörung ihres Hauses erzählte, fragten wir nach der Einrichtung und einem Gegenstand, der ihr besonders wichtig war. Und um diesen rankte sich dann die improvisierte Szene.

In dem Roman von Jenny Erpenbeck „Gehen, ging, gegangen" gibt es eine Szene, in der Rashid, ein nigerianischer Schlosser, dem Protagonisten Richard von der gewaltsamen Zerstörung seiner Familie erzählt, direkt nachdem er ein gelungenes schmiedeeisernes Tor in seiner Werkstatt fertiggestellt hatte. Richard sagt nichts zu dem furchtbaren Geschehen, aber er schiebt Rashid ein Blatt Papier hin und fragt: „Kannst du mir das Tor aufzeichnen?" (Erpenbeck 2015, S. 241). Fragen können heilende Bilder schaffen. Im Playback-Theater sind es die Bilder auf der Bühne, die eine heilende Wirkung haben können, aber auch das Erzählen selbst: Durch das Erzählen des Erfahrenen wird der Erzähler zum Akteur, zeigt sich nicht nur als Opfer und Geflüchteter, sondern nimmt sein Erleben in die Hand und entscheidet, was davon er in die Öffentlichkeit schickt. Ich empfinde das jedes Mal als einen großen Schritt, JA zum eigenen Leben zu sagen.

Eben dieser Richard bereitet sich auf seine Besuche im Flüchtlingsheim vor, indem er seitenlang Fragen notiert (Erpenbeck 2015, S. 52). Die zu Anfang eher einfachen Fragen verändern und vertiefen sich dann in den vielen Gesprächen, die er führt.

Aber seine Grundhaltung bleibt die eines Fragenden und mit den vorher aufgelisteten Fragen schafft er sich den Mut, in Kontakt zu treten.

Auf beiden Seiten, auf der Seite der Hauptamtlichen und der Freiwilligen und auf der Seite der geflüchteten Menschen braucht es mehr Mut und Neugier auf Fragen. Wieder und wieder.

Methodenbox

Stärke gewinnen
Ausgangssituation (z. B.): belastende Erlebnisse, Fixierung der Teilnehmerin auf einen negativen Aspekt.
Ziel: Blick zu weiten, andere Perspektiven wahrnehmen, schmerzhafte Erfahrungen so zu entschärfen, dass sie zu solchen werden, mit denen man leben kann.
Ablauf: Die erzählte belastende Geschichte mit einem Faden/Seil auslegen. Aus der Distanz betrachten. Auf Karten Erfahrungen von Solidarität, Erfolgen, Gruppenzusammenhalt, positiven Gefühlen, Dazugelerntem (z. B. bei einer Fluchtgeschichte) notieren und auf dem Seil auslegen. Mit diesen Aspekten die Geschichte neu erzählen.

4.2 Versteh' mich nicht zu schnell

So könnte es in vielen Situationen heißen, denn beim zu schnellen Verstehen oder beim Vortäuschen von Verstehen entsteht Distanz statt Nähe.

In einem Theaterprojekt haben die geflüchteten Jugendlichen immer genickt – nach Übersetzung in drei Sprachen – auf die Frage, ob sie verstanden hätten. Mitnichten war es so. Erst durch Vormachen, vorspielen, so war zu merken, haben sie begriffen. Was sollen sie auch nachfragen aus der Fülle, die nachzufragen nötig wäre?

Wenn ich selbst manchmal in einem Gedankenspiel die andere Perspektive einnehme und mir vorstelle, ich käme in ein Dorf in Afrika und alles wäre mir fremd, dann verzweifele ich. Die Liste dessen, was ich erfragen und verstehen müsste, wäre jeweils endlos. Wo sollte ich anfangen, zu fragen?

„Versteh mich nicht zu schnell“: Geflüchtete sagen zu schnell, sie hätten verstanden, auch wenn das nicht der Fall ist. Sie wollen sich nicht schämen müssen. Die Sozialarbeiter sagen ebenso schnell, sie hätten verstanden, weil sie die Verstehenden sein wollen. Oder weil sie ihrer eigenen Interpretation der Situation folgen wollen: „Ich verstehe, was ich verstehen möchte.“ Der Begriff aus den 1970er-Jahren: „Kolonialisierung durch Verstehen“ scheint mir immer noch aktuell zu sein. Ich bin als die Verstehende mächtiger als die Nichtverstehende. Macht, die sich als zugewandtes Verstehen tarnt. Nicht zu schnell zu verstehen heißt auch, Ärger und Ungeduld auszuhalten, sowohl beim Einzelnen als auch in Gruppen. Und es kann nötig werden, Momente der Beschämung auszuhalten, wenn der Geflüchtete sich bemüht, etwas auf Deutsch zu sagen, und wir verstehen und verstehen und verstehen es nicht. Setzen wir uns dem nicht aus, kann es zu Missverständnissen kommen, kann es die Beziehungen belasten, wie das folgende Beispiel zeigt.

Ein Beispiel von Missverständnis

Bei einem Playback-Theaterauftritt in einem Übergangswohnheim mit zwei Übersetzerinnen (Arabisch und Farsi) erzählt unter anderen ein Mann aus Syrien von dem Schmerz, von seiner Familie getrennt zu sein, und von seiner Angst um sie. Als die Schauspieler auf der Bühne ein Netz aus farbigen Bändern weben als Metapher für die Gefühle, die ihn mit seiner Familie verbinden, weint er. Anschließend zeigt er (und das passiert oft nach dem Spiel schmerzvoller Geschichten) seine Erleichterung, diesen Schmerz geteilt zu haben.

Einige Zeit nach dem Auftritt rufe ich bei dem Leiter des Übergangswohnheims an und frage nach Nachwirkungen des Auftritts (was ich häufig nach Auftritten tue). Die sind sehr positiv, „bis auf den Vorfall mit dem Mann, der geweint hat". Ich frage, ob das Weinen denn ein Problem gewesen sei. Nein, sagt er, aber der Mann hätte etwas gegen den Islam gesagt (was nicht übersetzt wurde und wenn doch, wäre fraglich, ob ich es verstanden hätte) und da wäre es anschließend zu einer lautstarken Beschimpfung gekommen.

Oh, wir Unwissenden! Wir sorgen uns um die oft starken Gefühlsäußerungen der Erzähler beim Playback-Theater in Flüchtlingsheimen und diskutieren immer wieder die Grenze zwischen Heilung und Überforderung – auch in der Supervision ein häufiges Thema – und die Zuschauenden achten auf Islamtreue. Welch eine Kluft im Wahrnehmen und Verstehen tut sich da auf!

In der Supervision mit Beruflichen und Ehrenamtlichen entstehen manchmal Situationen, in denen wir über Fragen nachdenken, Fragen, die wärmen und Lichtblicke ermöglichen können. Dabei lerne ich an diesen aktuellen Situationen jetzt rückwirkend. Während der Begleitung von Mitarbeitenden der Familienhilfe, von Streetworkern, von Betreuerinnen mir fremder Milieus etc.: Habe ich damals und heute genügend aufgefordert, Fragen zu stellen? Denn die Kulturunterschiede sind auch da groß. Es scheint immer so, als sei das Fremdkulturthema jetzt ein ganz neues, das über Professionelle und Freiwillige hereinbricht. Aber mit Kulturdifferenzen und Fremdheit haben Sozialarbeiter schon immer umgehen müssen. Es liegt in der Profession begründet, denn sozialpädagogische Aufträge tauchen da auf, wo es Abweichungen von der gesellschaftlich erwarteten „Normalität" gibt.

» Barrieren in Kommunikation, Sprache und Kultur lassen sich überwinden, wenn man sich darüber bewusst ist, dass das eigene Wissen und die eigene Erfahrung im interkulturellen Kontext nur eingeschränkt tauglich sind. Eine Haltung des ‚Wissens vom eigenen Nicht-Wissen' und demzufolge eines ‚Erfragen-Müssens' ersetzt die Unmöglichkeit, Expertin für jede der unterschiedlichen Kulturen und Sprachen werden zu müssen. Wissen und Information hilft viel, aber es kann uns auch dazu verleiten, bewährte Kategorien und Vorgehensweisen ausschließlich anzuwenden (BAfF 2016, S. 13).

Ich ermutige zu Fragen, aber möchte auch auf eine andere Dimension des Fragens hinweisen (siehe auch Bodenheimer 2011 und Tobler 2012).

4.3 Die andere Seite des Fragens

Fragen ist eine grundmenschliche Verhaltensform. Fragen und Antworten. Dazu braucht es die Fragerin und die Befragte. In Supervision und Beratung ist das Fragen ein Qualitätsmerkmal. Wir fragen, um selbst zu verstehen oder um Verstehen zu fördern. Jede Frage soll einen Sinn ergeben, d. h. sie soll dem Fortgang der Kommunikation dienen.

Und doch ist nicht zu leugnen, dass durch Fragen ein Ungleichgewicht zwischen Frager und Befragtem entsteht. Das Recht, zu fragen, als Erster zu fragen, nimmt sich meist der sozial Höhergestellte oder der Mächtigere heraus: Der Chef fragt den Angestellten, der Präsident die Mitglieder, der Lehrer die Schüler, die Betreuer die Ehrenamtlichen … und das macht etwas mit den Befragten. Ein Dialog zwischen einer Freiwilligen und einem minderjährigen geflüchteten Jugendlichen kann dies veranschaulichen:

WhatsApp-Dialog

Folgender WhatsApp-Chat fand zwischen einer Freiwilligen und einem minderjährigen geflüchteten Jugendlichen (zur Verdeutlichung hier allen freundlichen Beiwerks entkleidet) statt:

- „Hallo Amir, morgen ist dein erster Schultag, ich wünsche Dir einen guten Start"
- „Ich weiß nicht Schule morgen"
- „Weißt du nicht, in welche Schule du morgen gehst?"
- „Ich weiß"
- „Welche Schule ist es denn?"
- „Allgemeine Berufsschule"
- „Und wann fängt die Schule an?"
- „Ich weiß nicht"
- „Aber du wirst doch wissen, wann Deine Schule anfängt?"
- „Montag"

Was ist hier passiert? Nichtsahnend ist aus einem guten Wunsch zum Schulstart ein Prozess von Druck (weißt du /etwa/ nicht, in welche Schule du morgen gehst?) des

Kleinmachens und der Beschämung (aber du wirst doch /wohl/ wissen …?) entstanden. Die Fragerin ist die Mächtige, die den Prozess Beherrschende, der Befragte der Bedrängte. Und das Fragen wird zum Ausfragen.

Ich möchte das an einigen Frageformen verdeutlichen:

- **Die rhetorische Frage**, die in der Frage schon die Antwort vorwegnimmt: „Hab' ich nicht schon vor Monaten gesagt, dass wir das nicht schaffen?"
- **Die demagogische Frage**, die, scheinbar offen gestellt, doch nur eine vorbestimmte Antwort zulässt und Widerspruch verhindert: „Kann hier jemand leugnen, dass ich auf diesen Missstand schon hingewiesen habe?"
- **Die narzistische Frage**, die der Mitteilung einer Selbstbespiegelung dient: „Bin ich nicht immer allem Fremden gegenüber offen?"
- **Die beschämende Frage**, die die Befragte vorführt, während die Fragerin im Dunkeln bleibt: „Hab ich dir nicht schon zweimal erklärt, wie du zur Volkshochschule kommst?"
- **Die diskriminierende Frage**, die in der Frage schon eine abwertende Antwort enthält: „Heißen die nicht alle Ali oder so?"
- **Die moralische Frage**, die mit der Frage die Schuldfrage verbindet: „Wie konnte das nur geschehen?" (anstatt nach der Ursache zu fragen: „Wie ist das geschehen?")

Alle Fragen machen deutlich, dass die Fragenden in einer führenden, mächtigen Position sind und dass durch den unmerklichen Zusatz von Adverbien (schon, noch, auch, nicht etc.) die Aussage verstärkt wird. Und immer kann sich die Fragende unschuldig geben: „Ich hab' doch nur gefragt."

Weiterführend dagegen ist:

- **Die reflexive Frage**, die die Fragerin und die Befragte gleichermaßen zum Nachdenken auffordert: „Ich frage mich, ob die Geflüchteten Deutschland jemals als Heimat empfinden können."
- **Die offene Frage**, die die Befragte nicht auf Ja oder Nein reduziert, sondern zu einer Ich-Botschaft animiert: „Was kannst du gut?"

Ich sage auf der einen Seite, wir fragen nicht genug, und auf der anderen Seite kritisiere ich das Fragen als ein Instrument, das Ungleichheit schafft und unter Umständen unlautere Absichten hat. Ein Widerspruch? Ja, und einer mit Absicht. Denn wir brauchen beides im respektvollen Umgang, sowohl mit Begleitern als auch mit Geflüchteten: Fragen, um zu verstehen, und gleichzeitig das Bewusstsein für die Gefahr, die im Fragen liegt.

Wir brauchen:

1. **Fragen, die nicht beschämen und die nicht vermitteln, alles schon zu wissen**
2. **Fragen ohne Hintergedanken**
3. **Aufmerksamkeit für unsere Haltung beim Fragen und Sensibilität für die Formulierung der Fragen.**

Literatur

BAfF (2016). *Bundesweite Arbeitsgemeinschaft der psychosozialen Zentren für Flüchtlinge und Folteropfer*. Flüchtlinge in unserer Praxis. Berlin: BAfF e. V.

Bodenheimer, A. (2011). *Warum? Von der Obszönität des Fragens*. Stuttgart: Reclam.

Erpenbeck, J. (2015). *Gehen, ging, gegangen*. München: Knaus.

Isaacs, W. (2002). *Dialog als Kunst, gemeinsam zu denken*. Bergisch Gladbach: Edition Humanistische Psychologie, Verlag Andreas Kohlhage.

Tobler, B. (2012). Kann Kunst heilen? *In* Supervision, *2/2012*, 60–63.

Die alltägliche Arbeit 1: Freiwillige engagieren sich

K. Witte, *„Versteh mich nicht zu schnell" – Achtsames Arbeiten mit geflüchteten Menschen*,
DOI 10.1007/978-3-658-17041-7_5

Zusammenfassung
In diesem Kapitel finden Sie sich als Freiwillige/Freiwilliger mit Ihren Gedanken, Ihren Hoffnungen, Unsicherheiten und Erfolgen wieder. Das Bürgerschaftliche Engagement ist notwendiger Teil unserer demokratischen Gesellschaft und Motor für Veränderung. Das ist besonders seit 2015 beim Engagement für geflüchtete Menschen zu erleben. Ich stelle hier eine Supervisionsgruppe von Freiwilligen vor, mit ihren Motiven, ihren Themen und mit Beispielen aus der gemeinsamen Bearbeitung dieser Themen.
Zusätzlich gibt es Informationen zum Bürgerschaftlichen Engagement, zur Entwicklung der Ehrenamtlichen-, Freiwilligenarbeit und zu den Untersuchungsergebnissen des Freiwilligensurveys, der europaweit umfänglichsten systematischen Untersuchung über die Bewegungen im freiwilligen Engagement seit 1999.

5.1 Bürgerschaftliches Engagement

Was würde passieren, wenn es keine Freiwilligen mehr gäbe? Konrad Deufel sagte im Rahmen der Europäischen Freiwilligenuniversität, neben dem Zusammenbruch des Sozialstaates würden uns die gemeinsamen, nährenden Anlässe fehlen, für die es sich zu leben lohne (Deufel 2001). Und nach Ralf Dahrendorf war das 20. Jahrhundert das Jahrhundert des Staates, da in dieser Zeit vom Staat viele Funktionen übernommen wurden, die bis dahin nicht staatlich waren, während das 21. Jahrhundert das des Bürgerengagements werde. Und zwar nicht nur aus finanzieller Notlage heraus sei der Staat auf dem Rückzug, sondern aus Einsicht in seine Schwächen, als da sind Unflexibilität, Bürokratismus und Ineffizienz (Dahrendorf 2001, S. 75). Jeremy Refkins von der Foundation of Economy Trends schuf das Bild eines dreibeinigen Hockers für die deutsche Gesellschaft: Ein Standbein sei das marktwirtschaftliche und schaffe wirtschaftliches Kapital, eines sei das staatliche und schaffe öffentliches Kapital und das dritte sei das gemeinnützige, freiwillige Standbein, das soziales Kapital erzeuge (Refkins, zitiert in Keupp 1997, S. 3)

Die Freiwilligenagentur Bremen formuliert das „soziale Kapital“ so:

Bürgerschaftliches Engagement …

- gehört zum Wesenszug einer demokratischen und pluralistischen Gesellschaft,
- ist Motor für Veränderung und Wandel,
- gibt Impulse für staatliches Handeln und ggf. Korrektur,
- übernimmt Verantwortung im Kleinen und im Großen,
- ist eigensinnig und dadurch nicht durch Dritte steuerbar

(Aussagen beim Jubiläum zu 21 Jahren Existenz der Freiwilligen Agentur am 05.12.2016).

Ich persönlich bin überzeugt, dass Bürgerschaftliches Engagement das Leben jedes Einzelnen bereichert und zur Entwicklung unserer Gesellschaft dazugehört. Ich glaube, diese Haltung ist auch unabdingbar für diejenigen, die Beratung, Fortbildung oder Supervision für Freiwillige anbieten.

▪ Unterschiedliche Gruppen von Freiwilligen

Das Hauptmotiv für Menschen, sich zu engagieren, ist das Bedürfnis, neben der Erwerbsarbeit etwas für sich persönlich Sinnvolles zu tun, frei-willig, in freier Entscheidung, ohne Zwang. Zum heutigen Engagement passt deshalb das Wort „Freiwillige" auch besser als der zum sogenannten „alten Engagement" gehörende Begriff „Ehrenamt", der von Ehre und Pflicht gekennzeichnet war. Engagierte reagieren deshalb auch empfindlich, wenn es Eingriffe oder Ökonomisierungsbestrebungen in ihre Arbeit von der Organisation aus gibt, die für sie nicht einsichtig sind. Ein zweites wichtiges Engagementmotiv ist der Wunsch, in Kontakt mit anderen Menschen zu kommen. Und ein drittes ist das in den letzten 20 Jahren zunehmende Bedürfnis, sich an gesellschaftlichen Entwicklungen zu beteiligen. Dies wird am Engagement mit und für geflüchtete Menschen besonders deutlich. Für alle Typen von Engagierten, die ich in der letzten Zeit erlebt habe, scheinen mir diese drei Motive stabil.

1. Der erste Typus sind Freiwillige in Initiativen oder kleinen Vereinen, in denen ausschließlich Freiwillige tätig sind (oder höchstens mit einer Hauptamtlichen). Bei ihnen erlebe ich ein großes Selbstbewusstsein: Sie treffen Entscheidungen, planen Zukunft, „schmeißen den Laden", sind aber auch abhängig von gesellschaftlichen und politischen Bewegungen. Wenn es keinen Nachwuchs gibt oder die Zuwendungen wegfallen, entsteht Existenznot.
2. Dann gibt es Freiwillige in großen Organisationen, deren Existenz nicht von Freiwilligen abhängig ist. In diesen bedeuten die Freiwilligen eine wichtige, zusätzliche Qualität. Sie haben sich in der Regel dem Konzept und den Abläufen anzupassen und unterzuordnen. Die Organisationen akquirieren die Freiwilligen.
3. Dann gibt es – oder gab es, weil inzwischen weitgehend aufgelöst – Freiwillige in „aus dem Boden gestampften" Notunterkünften (Zelten, Sporthallen), in denen Hauptamtliche und Freiwillige gleichzeitig ihre Arbeit begonnen haben. Da gab es für eine kurze Zeit gleichberechtigtes Betreten von Neuland. Das hat sich aber sehr bald wieder in Statusunterschiede differenziert.
4. Und viertens und zunehmend erlebe ich freiwillig Engagierte, die nicht von Organisationen akquiriert werden, sondern die spontan, oft zusammen mit Freunden oder über das Netz, eine Idee zur Unterstützung von geflüchteten Menschen umsetzen. Die eine Initiative gründen, ohne jemanden zu fragen oder sich von jemandem abhängig zu fühlen – nur der Idee und den Menschen, denen sie nützen möchten, verpflichtet. Sie schließen sich dann unter Umständen einer Organisation an, aber das ist nicht der erste Schritt (siehe ◘ Abb. 5.1).

In der ehrenamtlichen Arbeit für geflüchtete Menschen ist der Zugang gedrittelt: Ein Drittel engagiert sich über Vereine, ein Drittel über soziale Träger und ein Drittel ist selbstorganisiert, ohne auf bestehende Strukturen zurückzugreifen (EFA-Studie 2015). Wie eine solche selbstorganisierte Unterstützergruppe spontan zustande kommen kann, zeigt ein Beispiel aus meinem Wohnviertel:

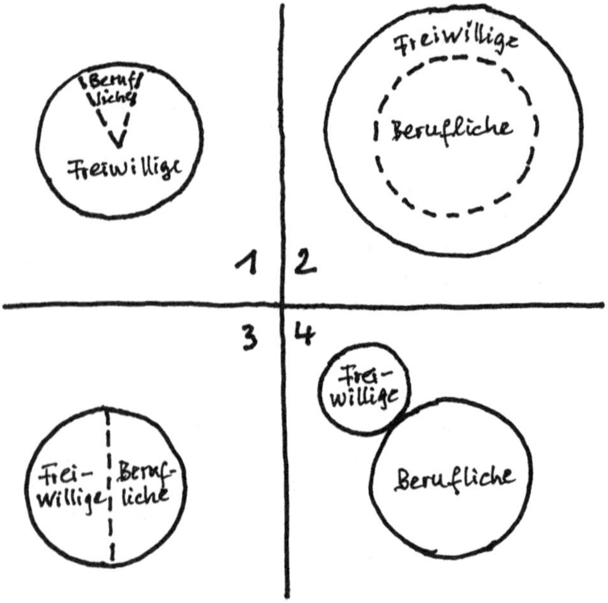

Abb. 5.1 Vier Typen von Freiwilligen und ihre Zuordnung zu Organisationen. (Eigene Darstellung)

Keiner hat sie gefragt
In dem Stadtteil, in dem ich wohne, organisiert die dortige Kirchengemeinde einmal im Jahr das „Essen im Viertel", zu dem jede/jeder eingeladen ist, um an langen Tafeln Suppe zu essen, einen Vortrag zu hören und miteinander ins Gespräch zu kommen. Vor zwei Jahren war die Leiterin des neu eröffneten Übergangswohnheims für geflüchtete Menschen in diesem Viertel zum Vortrag gebeten worden und mit ihr kamen etliche Bewohner des Heims, von denen einige nach einer Phase der Befangenheit von sich erzählten. Es hatte mit der Berührung der Herzen zu tun, dass an diesem Abend kleine Unterstützungsgruppen entstanden, die in direktem Gespräch mit den Bewohnern eruierten, wo welche Hilfen benötigt wurden. Von ihnen sind jetzt, zwei Jahre später, immer noch einige engagiert.

Alle vier Gruppen von Freiwilligen engagieren sich in Notunterkünften, Übergangswohnheimen und in der Begleitung Einzelner und Familien. Sie betreuen Kleiderkammern, geben Deutschunterricht, leiten Kinderspielkreise, begleiten zum Schwimmen, suchen Wohnungen, besorgen Möbel, organisieren Freizeitangebote, initiieren Websites, Foren und Kontaktcafés, machen Beratungsarbeit, organisieren Paten, gründen private Schulen und unterstützen bei Behördengängen. Die Freiwilligen klagen, dass die

Unterstützung bei Behördenkontakten gegenüber Kontakt- und Begegnungszeiten einen zu großen Raum einnimmt. Ein Zeichen dafür, dass die Behörden es bis jetzt nicht geschafft haben, ihre Dienstleistung den Möglichkeiten der Geflüchteten anzupassen.

Während bisher das Engagement auf Jahre angelegt war und sorgfältig ausgesucht wurde – zwei bis über zehn Jahre bleiben die Menschen in Deutschland einem Engagement durchschnittlich treu –, ist das Engagement im Kontext Flucht beim Start nicht langfristig gedacht, sondern dem Moment verpflichtet: Hier brennt's, ich muss jetzt etwas tun oder ich will teilhaben am aktuellen Trend der Hilfsbereitschaft. Es bleibt offen, ob etwas Langfristiges daraus wird.

Nur wenige von diesen Menschen, die so vielfältig und bewundernswert initiativ sind, und die die echten Träger der bisherigen Integrationsbemühungen sind, nehmen oder bekommen Supervision oder Beratung. Ich empfinde es als eine Kränkung des freiwilligen Engagements, dass die Supervisionsangebote der Organisationen sehr ungleich zu Ungunsten der Freiwilligen verteilt sind. Denn es ist nicht einzusehen, warum Freiwillige, die in der Regel viel vereinzelter arbeiten als professionelle Teams und deshalb auch gefährdeter sind in Bezug auf psychische Belastung, nicht gleich behandelt werden wie die Hauptamtlichen. Das ist seit vielen Jahren eine gleichbleibende Erfahrung in vielen Organisationen, die Freiwillige wünschen, brauchen und akquirieren.

5.2 Der Weg entsteht beim Gehen

Das, was Freiwillige überwältigend viel tun – anderen Menschen helfen, Fremde willkommen heißen und sie aufnehmen; da, wo viel ist, abgeben dahin, wo wenig oder nichts ist – das ist keine Euphorisierung des Fremden, sondern einfach human. Vielleicht ist es auch die Reaktion auf die Erkenntnis, dass der § 1 der Menschenrechte („Alle Menschen sind frei und gleich an Würde und Rechten geboren.“) noch nie für alle Menschen gegolten hat, und das ist eine bittere Erkenntnis. Hilfreich ist, so denke ich, mehr Normalität in der Begegnung mit dem Fremden zu praktizieren: Weder diskriminieren noch idealisieren noch privilegieren. Wahrnehmen, was fremd ist, und wahrnehmen, was gemeinsam ist. „Es ist ein Stück Wirklichkeitssinn, das so zu sehen, dass der Fremde das Recht hat, mit uns nicht harmonisieren zu müssen, uns – in aller Freiheit – ferne bleiben zu dürfen. Es gilt, nicht zu verlangen, dass Äpfel und Birnen auf dem nämlichen Baum wachsen, es gilt, darauf zu verzichten, Brücken zu träumen, wo keine Brücken sind“ (Albrecht Goes).

Niemand von den Ehrenamtlichen hat gelernt, wie sie ihr Engagement ausüben sollen. Sie haben überwiegend keine Ausbildung in diesem Feld, haben einen Beruf, aber keine berufliche Routine in diesem Feld, können sich nicht an Standards orientieren. Sie sind oft die letzten, die Informationen erhalten, und stehen mit Unverständnis nicht nachvollziehbaren behördlichen Anordnungen gegenüber. Sie, die an erster Stelle Supervision und Fortbildungen erhalten müssten, werden, wenn überhaupt, als Letzte bedient. Niemand ermutigt sie, Fragen zu stellen. Sie tasten sich vorwärts auf der Grundlage ihrer Biografie, ihrer gelernten Werte, ihrer Lebens-, Berufs- und Alltagserfahrungen. Dabei erleben sie, dass es nie genug ist. Sobald eine Aufgabe erledigt ist, ein Erfolg gefeiert werden kann, drängen andere nach. Es gibt auch keine Garantie auf Erfolg in der Begleitung geflüchteter Menschen. Weniger als in anderen Engagementfeldern können die Freiwilligen wissen, ob die Begleiteten sozial verträgliche Wege finden oder ob sie scheitern und sie selbst aufgeben müssen, voller Frustration und Enttäuschung.

Allerdings ist festzustellen: Freiwillige tun sich schwer, Supervisionsangebote anzunehmen, wenn es sie dann mal gibt („Es geht schon." und „Wie soll ich das denn noch zeitlich schaffen."). Organisationen sind da aufgefordert, Motivationsarbeit zu leisten. Aber wer will motivieren, wenn er dafür bezahlen muss?

Gut zu wissen: Kurze Geschichte des Ehrenamtes

Das freiwillige Engagement hat in den letzten 40 Jahren einen starken Motivationswandel erfahren, vom Pflichtgefühl zum Selbstbezug, vom lebenslangen zum projektbezogenen Engagement, vom Ehrenamt zum freiwilligen Engagement, und weiter zum bürgerschaftlichen Engagement und zum Engagement 4.0.

Das sogenannte „alte Ehrenamt" war gekennzeichnet von Fremdbestimmung, Pflichtgefühl, Tradition, Altruismus und u. U. lebenslanger Bindung an das „Amt". Bestimmt wurde es von Trägern moralischer Macht, wie Pastoren, Pfarrern, Bürgermeistern etc., die sich Menschen auswählten und an sich banden.

Das folgende „neue Engagement" – freiwilliges Engagement setzt sich mehr und mehr als Name durch – war egozentristisch geprägt, hatte als Merkmale die persönliche Sinnsuche durch die Tätigkeit, den Wunsch nach Selbstentfaltung und den Anspruch, es solle Spaß machen. Keine lebenslange Bindung war mehr gefragt, sondern die immer wieder neue Entscheidung für das Engagement. Beide Formen waren überwiegend angebunden an Organisationen.

In der nächsten Phase – freiwilliges Engagement als bürgerschaftliches Engagement – richtet sich der Blick auf die Gesellschaft. Wo können Bürger politisch Einfluss nehmen, vor der Haustür, im Stadtteil, in der Stadt? Treibende Kräfte waren politisches Bewusstsein, eine Vorstellung von der Macht der Zivilgesellschaft und das Bedürfnis, Veränderungsprozesse zu initiieren und Gesellschaft mit zu gestalten.

In letzter Zeit ist eine vierte Generation von Engagement entstanden, das Engagement 4.0, institutionsunabhängig, selbst initiiert über soziale Medien und elektronische Tools. Es lässt sich nicht verplanen, ist politisch (aber nicht unbedingt), radikal in der Selbstbestimmtheit und taucht in einer Vielfalt von Formen auf. Einen Missstand sehen und handeln. In Deventer/Niederlande nennt sich so eine Gruppe „Freie Vögel", in Offenbach „Freie Radikale", passende Namen, scheint mir.

(Jan Philipp Ross 2015 und Gespräch mit Heinz Janning)

5.3 Eine Supervisionsgruppe mit Freiwilligen

Ich stelle hier beispielhaft eine Supervisionsgruppe aus Freiwilligen vor. Die Gruppe besteht aus acht Personen – drei Männern, fünf Frauen. Sie setzt sich zusammen aus einer Studentin, einem Verwaltungsbeamten, einem ehemaligen Berufsschullehrer, einer Bankangestellten, einer Sekretärin, einer Hausfrau, einer Lehrerin, einem Weltreisenden und Philosophen (so seine Selbstbeschreibung). Ihre Motive sind: helfen wollen (in meiner Nachbarschaft ist ein Übergangsheim und ich sehe täglich die Notwendigkeit von Hilfe und war neugierig), gesellschaftliches Engagement (ich möchte etwas tun zur Veränderung unseres Landes), Selbstverwirklichung (ich merke, dass ich viel über mich selbst lerne durch den Kontakt). Ein Mix an unterschiedlichen Herkünften, Motiven und kulturellen Werten, die einander mit großer Neugier zuhören, sich streiten, voneinander lernen. Sie engagieren sich in der Begleitung Einzelner oder Familien, organisieren und besorgen Notwendiges oder geben Deutschunterricht, leiten Kinderspielgruppen, begleiten zu Behörden und Ärzten, helfen bei Umzügen. Die oben genannten Motive entsprechen ziemlich genau den Untersuchungsergebnissen des Freiwilligensurvey über die Motivationen der Engagierten (siehe Kasten „Freiwilligensurvey" in diesem Kapitel). Im folgenden Beispiel wird exemplarisch anhand eines Themas gezeigt, wie die Gruppe gemeinsam an Lösungen arbeiten kann.

Einige Themen aus der Gruppe und ihre Bearbeitung:
Rassismus

Eine Supervisandin erzählt: „Ich leide unter dem Rassismus zwischen den Kulturen. Ich mache Kinderbetreuung, während die Eltern Deutsch lernen, und erlebe, wie aggressiv sich die Kinder aus dem arabischen Raum gegenüber unterschiedlichen schwarzen Kindern verhalten (Anspucken und Schlagen). Die Eltern sind mir da keine Stütze. Die fördern die Aggression." Ich frage nach: „Was würdest du Eltern und Kindern am liebsten sagen?" Die Supervisandin wird immer lauter, während sie ihren Ärger formuliert und fast herausschreit. Es ist gut, das zu hören, für die Betroffene und die Gruppe. „Was wünscht du dir?" In der Folge arbeitet die Gruppe daran, die Wünsche in einfache Regeln zu fassen. Es entsteht die Idee, die Regeln mit Zeichnungen in der Art von Piktogrammen zu bebildern und aus der Arbeit mit ihnen ein Ritual zu machen, an dem Kinder und eventuell Eltern aktiv beteiligt sind. Und wer gegen die Regeln verstößt, fliegt raus. Dieses Vorgehen erweist sich, so die spätere Rückmeldung, als ein gelingender Weg, und eine andere Freiwillige aus der Gruppe übernimmt die Idee für die von ihr betreute Familie.

Hier wird Beziehung durch Regeln überdeckt, aber vielleicht wird durch Regeln auch eine Klarheit geschaffen, die einen Boden für Beziehung bieten kann. In angespannten Situationen geben pädagogische Regeln Struktur und entlasten die Beteiligten. Sie schaffen auch Verbindung untereinander und bieten Kindern und Erwachsenen ein haltgebendes Geländer. In diesem Fall sind es einseitig angeordnete Regeln (bei Anordnung wird nicht diskutiert). Aber die Freiwillige kann darauf hinarbeiten, dass die Regeln beweglich bleiben und allmählich zu beidseitig ausgehandelten Regeln werden, für die die Kinder auch Verantwortung übernehmen können. Das allerdings wird erst mit wachsender Verständigung möglich sein.

Auch im nächsten Beispiel geht es um klare Regeln beziehungsweise eine klare Ansage.

Männer und Frauen

Eine Studentin berichtet: „Ich kann mich der Zudringlichkeit der alleinstehenden jungen Männer nicht erwehren. Nicht, dass sie handgreiflich werden, sie sind freundlich und höflich. Aber ihr könnt euch gar nicht vorstellen, wie viele Heiratsanträge ich schon bekommen habe. Das ist mir sehr unangenehm und ich weiß mich nicht zu verhalten."

Als Erstes frage ich sie, wie es ihr denn mit deutschen Männern gehe. Und sie stellt fest, dass sie da zwar keine Heiratsanträge bekomme, aber Annäherungsversuche ihr ähnlich unangenehm sind, sie die aber deutlich abwehren kann. Warum dann nicht im beschriebenen Fall? Ich bitte sie, einen Rollenwechsel mit den geflüchteten, jungen Männern zu machen und die Supervisandin erlebt dabei, dass das Verhalten der Männer nicht nur ein Interesse an ihr als Frau ist, es steckt der große Wunsch nach Sicherheit und Zugehörigkeit darin. Da wird ihr klar, dass dieser darunter liegende Wunsch es ihr so schwer macht, klar zu bleiben. Aber sie erfährt auch im Rollenwechsel, dass eine klare Absage für die Männer gar nicht kränkend oder verletzend sein muss und fasst den Entschluss, mit einem direkten Augenkontakt den Männern zu sagen, dass sie diese Angebote nicht möchte.

Wir erklären so schnell alles mit der Kulturfolie (Ausländer sind …, Chinesen sind …) oder mit der Geschlechterfolie (Männer, Frauen sind …), oder mit der Milieufolie (Villenbesitzer, Obdachlose sind …). Bewertungen beruhen auf Werturteilen und sind gebunden an unsere verinnerlichten Werte und Normen. Für Supervision und Beratung gilt: konsequent nachfragen und anzweifeln, wenn wir derartige wertegebundenen Aussagen hören.

Neue Welten entdecken

Ein Mann erklärt der Gruppe: „Ich habe meine Scheuklappen abgelegt. Ich bin in der Einrichtung, um zu verstehen und zu lernen, und entdecke, dass es andere Welten gibt und wie sehr ich mich bisher in nur einer Welt aufgehalten habe."

Dazu passend berichtet Navid Kermani vom gleichzeitigen Leben in zwei Welten. Er erzählt in dem Buch „Wer ist Wir" von seiner Kindheit als Iraner in einem siegerländischen Dorf. Außerhalb des Hauses war seine Welt deutsch, innerhalb persisch. „Mit diesem Bewusstsein, dass es drinnen und draußen, jenes und dieses gibt, bin ich groß geworden, und ich habe heute das anmaßende Gefühl, meinen Freunden in dieser

Hinsicht etwas vorausgehabt zu haben. Ich brauchte niemals Aufklärung darüber, dass das, was ist, nicht alles ist“ (Kermani 2010, S. 10).

Ein wiederkehrendes Thema in Supervisionsgruppen mit Freiwilligen und auch mit Koordinatorinnen ist die Frage: Darf eine Dienstbesprechung verpflichtend sein?

Verpflichtende Treffen?

Eine der Freiwilligen kümmert sich um die Koordination der in ihrer Einrichtung aktiven Helfer. Eine schwierige Aufgabe, weil nicht alle Engagierten zuverlässig sind oder die nötigen Informationen nicht bekommen Es gibt eine Auseinandersetzung darüber, ob man von den Freiwilligen fordern könne, zu einem regelmäßigen Koordinierungstreffen zu kommen. Eine bejaht das, der andere wehrt vehement ab. Das könne man nicht verlangen, die seien doch freiwillig da. Als ich ihn frage, ob er selbst zu solch einem Treffen kommen würde, wenn er dazu eingeladen würde, sagt er spontan, „klar würde ich kommen“. Und muss selbst darüber lachen, als er sich durchschaut fühlt. Im übenden Rollenspiel stellen die Beteiligten fest, wie sehr die Wirkung ihrer Aussage, die Freiwilligen mögen doch zum Treffen kommen, im Telefongespräch oder direktem Kontakt von der eigenen dahinterstehenden Haltung abhängt.

Ich persönlich denke im Übrigen: Ja, eine Dienstbesprechung darf verpflichtend sein. Aber die vielen Diskussionen darüber zeigen, welche Last den Freiwilligen zur Zeit ihrer Berufstätigkeit Dienstbesprechungen waren oder noch sind. Etwas, das sie sich im freiwilligen Engagement nicht mehr zumuten wollen. Das bringt mich als Supervisorin dann zu der Frage an die Koordinatorin: „Wie kannst du denn die Besprechungen so gestalten, dass es für die Beteiligten ein Vergnügen ist, zu kommen?“

Methodenbox

Ambivalenzdoppeln
Ausgangssituation (z. B.): Supervisand muss eine JA/NEIN-Entscheidung treffen.
Ziel: Entscheidungshilfe.
Ablauf: Protagonistin positioniert zwei Stühle, einen für JA, einen für NEIN. Sie wechselt zwischen den Stühlen hin und her und sammelt und äußert Argumente, jeweils auf dem entsprechenden Stuhl sitzend, für beide Positionen. Hinter jedem Stuhl steht ein Gruppenmitglied als „Verstärkerin“, das die Argumente pointiert und verstärkend wiederholt. Am Ende erweist sich in der Regel eine Position als die stärkere.

Dazu ist aber grundsätzlich zu sagen, dass die Koordination der Freiwilligen nicht den Freiwilligen aufgebürdet werden kann. Ich erlebe das in Supervisionen und Fortbildungen in allen Arbeitsbereichen immer wieder, dass diese Aufgabe an Freiwillige abgegeben wird. Es ist Aufgabe der Hauptamtlichen und der Leitung, dafür zu sorgen, dass Ehrenamtliche einen guten Arbeitsrahmen vorfinden. Hierzu nun ein Beispiel:

Wie komm' ich da wieder raus?

Eine Supervisandin hat einmal wöchentlich als Kinderbetreuerin in einer Übergangsunterkunft angefangen, inzwischen arbeitet sie 20 bis 30 h wöchentlich dort, organisiert Möbel und Kleidung, macht Transporte, unterstützt den Deutschunterricht ... und sie fragt: „Wie komm' ich da wieder raus?"

Mit einem langen roten Seil legt die Supervisandin einen großen Kreis und verteilt in diesem Karten mit ihren Tätigkeiten. Dann verkleinert sie nach und nach den Kreis bis zu ihrem Wunschzustand. Dabei muss sie notgedrungen Tätigkeitskarten aussortieren. Zum Schluss steht die Gruppe um den verkleinerten Kreis und äußert Wünsche und Forderungen. Ihre Aufgabe ist es, zu diesen wieder und wieder mit freundlicher Klarheit NEIN zu sagen. Während sie das übt, entdeckt sie eine biografische Erklärung bei sich für die Schwierigkeit ihres Nein-Sagens.

5.4 Entgrenzung und Begrenzung als zentrales Thema

Das ist eines der größten Probleme für viele Freiwillige: sich abzugrenzen von den Wünschen und Bedürfnissen, von der Not und dem Mangel, von der Hilflosigkeit und den Forderungen. Abgrenzung heißt, einen Schutzraum für sich selbst zu kreieren.

Egal, ob es sich um geflüchtete oder um obdachlose Menschen handelt, um Kinder in Armut oder Frauen, die auf der Straße leben – viele Helfende entgrenzen sich selbst, taumeln durch das „Fremde", das ihnen begegnet, wie Touristen durch einen südländischen Basar und werden zum „Freiwild" für die Wünsche der Bedürftigen. Das Fremde, das Unverstandene ist so übermächtig, dass das Eigene darin unterzugehen droht. Oder das Fremde ist so bedrohlich, so schwer zu ertragen, dass die Ehrenamtlichen in Enthusiasmus fliehen. Notwendige Grenzen, auch zum eigenen Schutz, werden nicht gezogen. „Hätte ich keine Grenzen, hätte ich mich nicht" (Julia Lossau 2015). Im Flugzeug heißt es: „Ziehen Sie bei Druckabfall erst selbst die Sauerstoffmaske über, bevor sie Kindern helfen."

Erwartungen befriedigen

Als ich noch als Sozialarbeiterin mit Migranten gearbeitet habe (in den 1980-Jahren), empfand ich oft die Wünsche und Forderungen der damals Geflüchteten als unangemessen. Bis ich verstanden habe, dass die, die keinerlei Kenntnis vom deutschen Sozialsystem hatten, nicht unterscheiden konnten zwischen ihnen zustehenden und nicht zustehenden Forderungen. Und wenn ich etwas ihnen Zustehendes für sie organisiert hatte, dann war ich der „Engel", der alles ermöglichen konnte und es kamen gleich zwei utopische Wünsche hinterher, von denen ich mich dann unter Druck gesetzt fühlte. Warum? Warum konnte ich mich nicht einfach abgrenzen? Geflüchtete Menschen kommen mit der Erwartung, dass es ihnen besser geht im neuen Land. Mit den Möglichkeiten steigen die Erwartungen. Werden diese nicht erfüllt, können die Menschen sich abgelehnt fühlen. Um dieses Gefühl von Ablehnung nicht zu provozieren oder mich ihm auszusetzen, spürte ich den Druck, möglichst alle Erwartungen zu befriedigen. So mag es vielen in der Begleitung tätigen Engagierten gehen.

■ Fürsorgehaltungen

Zum Beispiel haben Freiwillige, die in einem Treffpunkt für obdachlose Frauen gearbeitet haben, immer wieder versucht, den Frauen, die in den Treff kamen, ihre Sorgen abzunehmen, sie zu übernehmen.

In der Supervision mit Freiwilligen arbeite ich in derartigen Fallbesprechungen häufig an den zwei unterschiedlichen Fürsorgehaltungen. Zum einen gibt es die Fürsorge, die den Frauen etwas abnimmt – „ich kann es besser, schneller, genauer als du und: ich weiß, was für dich gut ist". Damit wird ein Ungleichgewicht hergestellt, eine macht sich größer und mächtiger als die andere. Zum anderen gibt es die Fürsorgehaltung, die den Frauen eine Sorgehaltung für sich selbst bewusst macht.

Zum Beispiel hilft der Satz: „Ich sorge mich um dich, was kannst du tun", dem Gegenüber, auf sich selbst und die eigene Situation aufmerksam zu werden. Ziel der Fallbearbeitungen ist immer, zwischen diesen beiden Haltungen zu unterscheiden und einen Weg zu finden, die betreuten Frauen zur Selbstsorge und damit zur Selbstverantwortung zu ermutigen.

Um Beziehungen sichtbar und reflektierbar zu machen, arbeite ich in der Supervision gerne mit Skulpturen. Dabei erlebe ich oft, dass die Freiwilligen sich „mitten in den Fall" stellen, um die Betreuten zu halten und „vor einem Sturz zu bewahren". In der Supervision lasse ich dann als ein „Experiment" ausprobieren, was passiert, wenn die Freiwillige mehr und mehr zurücktritt, um zu fühlen und zu erkennen, wie sich ihre Rolle ändert: von die Sorge abnehmenden, zur die Sorge bewusstmachenden Begleiterin (siehe Witte 2015).

Methodenbox

Arbeit mit Skulpturen
Ausgangssituation (z. B.): Eine Frage zu einer inneren oder äußeren Situation.
Ziel: Ein System darstellen oder Beziehungen verdeutlichen.
Ablauf: Zuerst wird geklärt: Welche Personen, Rollen, Gefühle oder innere Anteile sind für die Darstellung wichtig? Die Supervisandin wählt dafür Mitspielerinnen und positioniert sie jeweils mit einer Körperhaltung in eine Skulptur. (Die Position im Raum ist Ausdruck für die Beziehung zueinander, die Körperhaltung Ausdruck für die Emotionen). Jede Figur bekommt einen Satz von der Supervisandin, der einige Male gesprochen wird. Zum Schluss stellt sie sich selbst in die Skulptur oder lässt sie mit Hilfe einer Stellvertreterin von außen auf sich wirken. Dann verändert sie die Skulptur entsprechend ihrer Erkenntnisse oder die Figuren bieten aus ihren Rollen heraus Veränderungen an.

Als eine Metapher für die einspringende Fürsorge – für das Ansaugen und Sichaussaugenlassen – könnte das Märchen vom Magnetberg dienen. In ihm wird eindrücklich geschildert, was passiert, wenn ein Schiff dem Berg, der mit seinen magnetischen Kräften alles Eisen ansaugt, zu nahe kommt.

» Als nun das Schiff immer näher und näher kam, siehe, da flogen die Nägel aus den Planken und alle Eisenteile des Schiffes hafteten an dem Berg. Am Ende des Tages aber stürzten wir alle ins Meer, denn das Schiff zerfiel (Märchen aus Tausendundeiner Nacht).

Ein Grund für die eigenen Entgrenzungen, so erlebe ich immer wieder, auch bei meinen eigenen freiwilligen Engagements, ist ein Schuldgefühl: Warum geht es uns so gut? Warum sind wir schon so lange, so dass es kaum eine der Engagierten noch selbst erlebt hat, frei von Krieg und Verfolgung? Und ich spüre die Infragestellung der eigenen Rolle durch die geflüchteten Menschen: Warum bist du auf dieser Seite und ich auf der anderen? Welches Recht gibt dir mehr Lebenschancen? (vgl. auch Trappe 2015, S. 87).

Als mein Mündel noch in einer Notunterkunft mit 120 Jugendlichen wohnte und ich ihn dort besuchte, wurde ich oft von anderen bedrängt, ob ich ihnen nicht auch einen Einzelvormund besorgen könne (ihre Amtsvormünder kennen sie in der Regel gar nicht). Und sofort fragte ich mich: Warum denn Faris als Mündel? Warum nicht Said, Tarek, Ahmad …? Es ist nicht nur ein Schuld-, es ist auch ein Schamgefühl, Scham über die Macht, die ich mit meiner Entscheidung für Faris „demonstriert" habe.

Doch die Schuld- und Schamgefühle sind zu hinterfragen. Und im Nachdenken verwandeln sie sich in Wut, Wut über die dramatisch zunehmende soziale Ungerechtigkeit. Und in Wut über die ebenso zunehmende Ungerechtigkeit in der Verteilung von Gütern. Es ist ein Menschenrecht, keine Not zu leiden, und gleichzeitig besitzen heute ein Prozent der Menschen so viel wie die restlichen 99 %. Oder: 62 der reichsten Menschen (Männer) besitzen so viel wie die gesamte ärmere Weltbevölkerung (3,5 Mrd.) (Oxfamstudie 2015).

Gut zu wissen: Der Freiwilligensurvey

Seit 1999 gibt es alle fünf Jahre eine breit angelegte Untersuchung im Auftrag des Bundesministeriums für Familie, Senioren, Frauen und Gesundheit zum Freiwilligen Engagement, den „Freiwilligensurvey", in dem Engagementbereitschaft, Motivation, Dauer, das Engagementverhalten unterschiedlicher Milieus etc. erfragt wird (2014 wurden ca. 30.000 Menschen befragt). Daraus lässt sich ablesen, dass 44 % der Deutschen, das sind 31 Mio. Menschen ab 14 Jahre, sich freiwillig engagieren, (die letzte Untersuchung 2014 war vor der Unterstützerwelle für Geflüchtete, also wird die Zahl jetzt noch höher liegen). In den letzten 15 Jahren ist die Engagementquote um zehn Prozent gestiegen. Das wird auf eine gestiegene Aufmerksamkeit in der Öffentlichkeit und in der Politik zurückgeführt. Zusätzlich benennt jeder zweite nicht enga-

gierte Deutsche im Survey, er würde sich zukünftig gerne engagieren. Die beiden größten Gruppen Engagierter sind die 14- bis 29- und die 30- bis 49-Jährigen, die im Schnitt zwei bis sechs Stunden wöchentlich tätig sind. Ein Viertel der Engagierten braucht eine spezielle Ausbildung für ihr Engagement. Die vier Hauptmotive für die freiwillige Tätigkeit sind: etwas Sinnvolles für sich selbst tun, Gesellschaft mitgestalten, anderen helfen und in Kontakt mit Menschen kommen.
(Es gibt allerdings Kritik an den Zahlen des letzten Surveys von 2014: Die Engagementzunahme innerhalb von fünf Jahren von 36 auf 44 % – das sind sieben Milliarden Engagierte mehr – wird angezweifelt und sei nur zu erklären durch eine neue Methode der Untersuchung, die die Ergebnisse aufgebläht hätte und einen Vergleich mit den vorherigen Ergebnissen nicht mehr zuließe.) (Roland Roth 2016)
(Mehr Informationen zum Freiwilligensurvey 2014: ► https://www.rudern.de/sites/default/files/downloads/deutscher-freiwilligensurvey-2014.pdf)

5.5 Themen der Freiwilligen

Ich fasse die Themen, die in der Supervision mit Freiwilligen – neben dem Hauptthema der Grenzziehung – immer wieder auftauchen, zusammen:

- **Inhaltliche Themen in der Arbeit mit den Geflüchteten**

Diese lassen sich folgendermaßen zusammenfassen:

- Ärger und Unverständnis über die hohe Fluktuation der Geflüchteten – von der Teilnahme an Gruppen bis zur plötzlichen Verlegung (wobei der Ärger nur sehr vorsichtig formuliert wird);
- Enttäuschung, dass die eigenen Erwartungen nicht erfüllt werden;
- Angst vor nicht einschätzbarem Verhalten;
- Schwierigkeit der Verständigung und die Verzweiflung über immer wiederkehrende Missverständnisse;
- Hilflosigkeit gegenüber behördlichen Entscheidungen;
- Ärger gegenüber scheinbar unangemessenen Forderungen der Geflüchteten und die Konfrontation mit der Not und dem Schmerz derer, die sie betreuen;
- Aber auch Freude über gelingende Schritte in die Integration, Fortschritte in der Verständigung, Übernahme von Verantwortung, entstehende Verbindlichkeit und Zeichen von Vertrauen.

Supervision wird fälschlicherweise oft reduziert und festgelegt auf Problemthemen. Wenn ich eine Anfangsfrage stelle, etwa: „Worauf waren Sie stolz in der letzten Zeit?" ernte ich oft Unverständnis, Zögern und Scham.

Aber ebenso häufig gibt es Themen über den Umgang mit Behörden oder anderen Fachstellen. Das Bedürfnis, sich hier gegenseitig mit Tipps, Informationen oder Warnungen zu helfen, ist groß und nimmt oft viel Raum ein. Themen, die streng genommen nicht in die Supervision gehören, aber wo haben sie sonst Raum?

Immer mal wieder bekommen die Supervisandinnen von mir die Aufgabe – und der folgen sie in der Regel gerne – in die Schuhe der Geflüchteten oder der Kollegen zu treten, mit deren Augen auf die Situation zu gucken, um Verständnis (nicht Akzeptanz) für bestimmte Verhaltensweisen zu entwickeln (siehe auch Wissenskasten Perspektivenwechsel in ▶ Kap. 8). In dem Zusammenhang ist auch das Nichteinhalten von Verbindlichkeiten eines dieser Themen:

Selbstsorge

Eine Freiwillige, die eine Sportgruppe für unbegleitete minderjährige Jugendliche leitet, sagte einmal: „Ich muss die Teilnehmer jede Woche anrufen und an den Donnerstagstermin erinnern. Seit ich die Hoffnung, sie würden das irgendwann lernen und verbindlich werden, aufgegeben habe und die wöchentlichen Anrufe als dazugehörenden Teil meiner Tätigkeit betrachte, geht es mir besser."

▪ Persönliche Themen

Neben den Sachthemen gibt es persönliche Themen, die die Supervisanden beschäftigen. Das sind:

- Scham- und Schuldgefühle;
- die Klärung der Helferrolle;
- die Notwendigkeit eines persönlichen Schutzraumes;
- die harte Arbeit daran, Fehlgeschlagenes und Frustrationen nicht als persönliches Versagen zu nehmen;
- der Umgang mit Nähe und Distanz;
- die immer wieder in den Hintergrund bis ins Vergessen geratende Selbstfürsorge,
- das Gefühl, dass die eigenen Anstrengungen nicht wertgeschätzt werden, sowohl von freiwilligen Kolleginnen als auch von Hauptamtlichen nicht;
- das Ernstnehmen der eigenen Empfindungen
- Themen der Überforderung und eigene Insuffizienzgefühle.

In solchen Situationen ist es wichtig, immer wieder die eigene Motivation zu hinterfragen (worum geht es mir wirklich?), denn das Alltagshandeln kann zur Routine werden und die ursprüngliche Motivation wird unscharf. Und es ist wichtig, das, was im Leben der Supervisanden sonst bedeutsam ist, hervorzuholen, es erzählen zu lassen und dadurch wieder glänzend zu putzen.

All diese Themen kommen auch in der Arbeit der Hauptamtlichen vor, doch bei Freiwilligen zeigt sich die Hilflosigkeit oft verzweifelter und die Selbstkonfrontation größer, denn es fehlt der Schutzmantel der Profession.

Es sind manchmal schmerzhafte Prozesse, herausfordernde Selbstbeobachtungsaufgaben und unangenehme Blicke in den eigenen Spiegel, die die Supervisandinnen durchlaufen, doch das Ergebnis benennen sie meist eindeutig: „Ich bin daran gewachsen".

Gut zu wissen: Rollenerweiterung

Jeder Mensch hat ein Repertoire an gelernten, verinnerlichten Rollen zur Verfügung, auf die er in unterschiedlichen Situationen zurückgreifen kann, um adäquat zu reagieren. Doch im Laufe des Lebens werden wir mit immer neuen Rollenanforderungen konfrontiert, die in das eigene Leben integriert werden müssen (siehe auch Michael Schacht, 2003). Das Psychodrama eröffnet Spielräume, Rollen zu erproben, und stellt dafür ein spiralförmiges Handlungsmodell in vier Schritten zur Verfügung (siehe ◘ Abb. 5.2).

1. Der erste Schritt ist die Konfrontation mit einer neuen Situation.
2. Aufgrund der neuen Situation (eine herausfordernde Anforderung, ein Konflikt, ein Verlust, eine Konfrontation mit Fremdem etc.) wird eine Erregungsphase ausgelöst, die Spontaneitätlage. Sie kann in Verweigerung münden, in eine Krise führen oder, und das ist der
3. Schritt, die Protagonistin erarbeitet sich unter Ausnutzung aller Ressourcen eine neue Erkenntnis/Haltung (Kreativitätslage).
4. Erweist sich diese neue Haltung als eine sinnvolle und nützliche Erweiterung des Selbst, wird sie in das Rollenrepertoire integriert. Wie die Wachstumsringe eines Baumstamms erweitern wir lebenslang unser Rollenrepertoire, wobei es natürlich im Leben auch Rollenverluste gibt

„Wir werden in die Widersprüche der Welt hineingeboren und entgehen ihnen nicht. Wie es unmöglich ist, nicht zu kommunizieren, so ist es unmöglich, nicht Co-Creator eigener Träume, aber auch sozialer Wirklichkeiten zu sein" (Bleckwedel, 2004, S. 448).

Daneben erzählen die Supervisanden von beglückenden Momenten, die die Herzen wärmen und immer wieder Motivation nachwachsen lassen. Und von Situationen, wo sie über sich selbst hinausgewachsen sind, sich selbst staunend gegenübergestanden haben.

Ich erlebe aber auch – und das lässt sich selbst in der Supervision nicht verbergen, obwohl hier die Sprache kontrollierter ist als im Alltag – respektlosen Umgang mit den Geflüchteten, eine Haltung des Herrschaftswissens, bei dem die Lösung genannt wird, bevor die Frage gestellt wurde. Ebenso erlebe ich die Haltung des *Moral Licensing*, die moralisierende Selbstdarstellung, unter dem Deckmantel des Ehrenamts, die zu unmoralischem Handeln führen kann.

Was ist in solchen Momenten zu tun? Meist genügt es, den Prozess anzuhalten und den entlarvenden Satz zu wiederholen. Provozierend ist es, den Satz zweimal zu

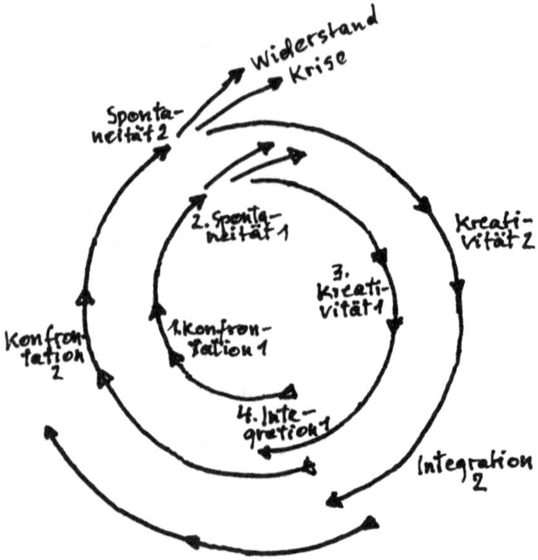

Abb. 5.2 Handlungsmodell des Psychodramas. (Eigene Darstellung nach Michael Schacht)

wiederholen. Oder ich frage die Gruppe: „Was hört ihr hinter diesem Satz?" Und die tiefergehende Frage ist: „Was ist die Maske hinter der Maske hinter der Maske hinter der Maske?" Und die Antwort – wenn es denn zu einer Antwort kommt – ist fast immer: „Angst."

▪ Strukturelle Themen

Auf einer anderen Ebene sind es die Freiwilligen und die Hauptberuflichen, zwischen denen es Meinungsverschiedenheiten über Vorgehensweisen gibt, die entweder ausgefochten oder – der häufigere Fall – heruntergeschluckt werden (siehe ▶ Kap. 8). Dann wird der Statusunterschied zwischen Professionellen und freiwillig Engagierten plötzlich sichtbar. Die Freiwilligen nehmen in der Regel nicht an Dienstbesprechungen teil und es fehlt ihnen dadurch viel praktisches Wissen. Deshalb taucht diese Lücke in der Supervision auf und das Bedürfnis nach Tipps, Anregungen und Adressen drängt sich immer wieder in die Bearbeitung von Themen. In der Supervision mit Hauptamtlichen würde ich dann auf die Dienstbesprechung verweisen. Die gibt es nicht bei Freiwilligen und sie dursten nach einem Austausch von Praxiswissen.

Ein mich beglückendes Erlebnis hatte ich, als ich bei einem Abschiedsnachmittag in einem Bremer Stadtteil war, in dem eine Notunterkunft in einer Schulsporthalle für 80 Jugendliche nach Monaten der Nutzung aufgelöst wurde. In diesem Stadtteil hatten sich mit Einrichtung der Notunterkunft ca. 100 Freiwillige gefunden, die für die Jugendlichen Sport- und andere Aktivitäten anboten, Praktikumsplätze beschafften und betreuten, die Jugendlichen begleiteten und eine „Weltschule" gründeten für Alphabetisierung und Deutschkurse, mit ca. 30 ehrenamtlichen und beruflichen Lehrerinnen und Freiwilligen. Alles in enger und gegenseitig wertschätzender Zusammenarbeit mit den angestellten Betreuerinnen. Noch heute, Monate nach der Auflösung der Notunterkunft, kommen die jungen Leute, soweit sie nicht beschult sind, in die Weltschule zu ihren Deutschkursen.

Der Satz, der mich auf der bewegenden Abschiedsfeier besonders berührt hat, stammte von einem der Freiwilligen: „Es war für uns ein Glück, euch Jugendliche hier im Stadtteil zu beherbergen. Euer Dasein hat den Stadtteil und uns verändert. Dafür sagen wir danke!"

In diesem Fall eine eindeutige Win-Win-Situation. Dass es auch Gewinner aus anderen Interessen heraus gibt, zeigte eine kritische Ausstellung vom Flüchtlingsrat Bremen (Sommer 2016) mit dem Titel: Das Geschäft zwischen Solidarität und Sonderangebot. In der Ausstellung wurden ca. 25 Originalbriefe von Zeltherstellern, Bettenvertreibern und Containerfirmen veröffentlicht, in denen diese Firmen ihre Produkte mit dem Tenor angeboten hatten: „Unser Herz schlägt für die Flüchtlinge und wir möchte ihnen etwas Gutes tun." Die überwiegend wirtschaftlichen Interessen der Firmen aus dem Bereich Bau und Versorgung unter dem Deckmantel der Solidarität waren unangenehm deutlich herauszulesen.

Hier folgt eine Einladung, sich einen kurzen, hilfreichen Film über Freiwilligenarbeit in der Geflüchtetenhilfe anzusehen unter http://www.rassismuskritik-bw.de/erklaervideo/ mit freundlicher Genehmigung vom „Netzwerk rassismuskritische Migrationspädagogik" (weiterführende Informationen unter **http://www.rassismuskritik-bw.de**).

Literatur

Bleckwedel, J (2004): Zitat in: von Ameln, F., Gerstmann, R., & Kramer, J. *Psychodrama*. Berlin: Springer.

Dahrendorf, R. (2001). *Der Beitrag der Bürgergesellschaft an der Gestaltung Europas. In Eugen Baldas (Hrg) Freiwilligentätigkeit gestaltet Europa*. Freiburg: Lambertus.

Deufel, K. (2001): Freiwilligentätigkeit fördert Zivilgesellschaft. In: Eugen Baldas (Hrg) *Freiwilligentätigkeit gestaltet Europa. S. 84*. Freiburg: Lambertus.

Freiwilligensurvey 2014 (2016): https://www.rudern.de/sites/default/files/downloads/deutscher-freiwilligensurvey-2014.pdf.

EFA Studie (2014). *Nicht repräsentative Studie zur ehrenamtlichen Flüchtlingsarbeit*. Berlin. Institut für Integrations- und Migrationsforschung.

Han-Broich, & Misun (2015). *Ehrenamt und Migration*. Präsentation für den BBE (Bundesverband Bürgerschaftliches Engagement). Zugegriffen am 20.2.2015.

Kermani, N. (2010). *Wer ist wir?* München: C.H. Beck.

Keupp, H. (1997). *Visionen einer Bürgergesellschaft – neue Perspektiven der Freiwilligenarbeit.* Vortragsmanuskript eines Vortrags, Augsburg, 10. Dez 1997.

Lossau, Julia (2015). Artikel im Weserkurier Weser-Kurier. 1. Nov. 2015.

Oxfam (2015). So ungleich ist das Vermögen auf der Welt verteilt. www.welt.de/wirtschaft/article151109741/so-ungleich-ist-das-vermoegen-auf-der-welt-verteilt. Zugegriffen am 24.8.2016.

Roth, R. (2016). Gewinnwarnung – Nachfragen zur wundersamen Engagementvermehrung des Freiwilligensurveys 2014. *BBE newsletter 19.5.2016.* Nr. 10, S. 1-7.

Sachße, C. (2002). Traditionslinien bürgerschaftlichen Engagements in Deutschland. *Aus Politik und Zeitgeschichte*, (B9/2002). Beilage der Wochenzeitung Das Parlament, Artikel DOI 10.1007/978-3-531-18689-4.

Schacht, M. (2003). Zwischen Flow und Krise: Die Spontaneitätslage. *Zeitschrift für Psychodrama und Soziometrie, 2/2003*, 225–237.

Trappe, T. (2015). Zur Ethik der Asylverwaltung. In E. Bittenbinder (Hrsg.), *Grenzbereiche der Supervision.* Göttingen: Vandenhoeck & Ruprecht.

Witte, K. (2007). Freiwillige in Organisationen – störend oder bereichernd? In *Organisation, Supervision, Coaching 2/2007.* Wiesbaden: Verlag für Sozialwissenschaften.

5

Gesundheit fördern

K. Witte, *„Versteh mich nicht zu schnell" – Achtsames Arbeiten mit geflüchteten Menschen*,
DOI 10.1007/978-3-658-17041-7_6

Zusammenfassung
In diesem Kapitel sind vier Aspekte zusammengeführt, die sich mit dem Gesundbleiben und der Resilienzkraft der Betreuerinnen und damit auch der Betreuten befassen. Der erste beschäftigt sich mit Traumatisierung und dem Umgang damit. Die Begegnung mit traumatisierten Menschen (ca. 40 % der Geflüchteten) macht Begleiterinnen unsicher und hilflos und gefährdet sie, selbst krank zu werden. Der zweite Aspekt beschreibt das Modell der „Salutogenese", der Lehre von der Gesundheit, und hilft mit drei Fragen, einen Zugang zu sich selbst und gesund erhaltendem Handeln zu finden. Der dritte Aspekt führt ein in die „Kollegiale Beratung", ein Modell der kollegialen Supervision in Gruppen, die gleichzeitig Selbsthilfe und Qualifizierung ist. Der vierte Aspekt schließlich beschäftigt sich mit Regeln und Ritualen. Beide helfen, schwierige Situationen zu strukturieren und Konfliktpotenzial zu vermindern, sowohl in Teams als auch bei den Betreuten.

Mit wachsender Zufriedenheit und stabiler Gesundheit steigt die Qualität der Arbeit. Das haben viele Organisationen inzwischen gelernt und entsprechende Angebote für Körper, Psyche und Sozialleben für ihre Mitarbeitenden entwickelt. Der Bereich der sozialen Arbeit insgesamt und darin vor allem die Arbeit mit geflüchteten Menschen haben von dieser Einsicht noch nicht sehr profitiert. „Dienen statt wohlfühlen", so könnte ein Leitgedanke lauten, wie er durch viele Supervisionsgruppen bei mir ankommt. Die Folge ist ein erschreckend hoher Krankenstand.

Im Folgenden werden vier Themen von Belastung und Selbsthilfe dargestellt und praktisch erläutert.

6.1 Umgang mit Traumatisierung – ein Thema von Hilflosigkeit

Das Wort Traumatisierung löst bei Beruflichen und Freiwilligen Angst und Unsicherheit aus. Die Helfenden wagen nicht, die geflüchteten Menschen nach dem „Woher" zu fragen, aus Angst, Traumatisierungen könnten sich wiederholen. Aber entscheidend ist, wie gefragt wird. Und nicht alle Geflüchteten sind traumatisiert. Sie finden in diesem Teil eine Zusammenfassung, was hinter der Wunde „Trauma" steht, welche Traumatisierungen Geflüchtete erleben (sequentielle Traumatisierung), was die Helfenden zur Unterstützung tun können und wie diese sich selbst helfen können, wenn das Trauma auf sie übergreift.

Schuldgefühl
Eine Supervisandin berichtet: „Ich habe zu Anfang einen Riesenfehler gemacht. Ich habe den Menschen, den ich betreue, nach seiner Flucht gefragt. Und während er erzählte, wurde er plötzlich ganz dunkel, d. h. es entstand eine Dunkelheit um ihn herum, und ich habe ein riesiges Schuldgefühl bekommen, das mich über Wochen nicht losgelassen hat."

Alle raten, nicht nach der Flucht zu fragen (haben womöglich dieser Ratschlag und das Verhalten, trotzdem nach der Flucht gefragt zu haben, bei der Supervisandin die Wahrnehmung von Dunkelheit beim Gegenüber begünstigt?). Auch ich habe das einmal erlebt, als ich mit meinem Mündel „mal eben" einen Lebenslauf für eine Praktikumsbewerbung schreiben wollte. Er „entschwand" mir plötzlich bei Fragen zu seiner Kindheit, saß mir gegenüber und war doch nicht da. Zurückgezogen wie eine Schnecke in ihrem Haus. Das unbedachte „mal eben" löste bei mir anschließend auch Schuldgefühle aus.

Fast alle sagen auch, sie hätten Angst, nach der Flucht zu fragen. Die Frage ist doch, *wie* gefragt wird, nicht, *ob* gefragt wird. Fragen statt ausfragen. Wo und wem sollen die Geflüchteten denn von ihren Erlebnissen erzählen? Etwa erstmals und einzig den Entscheidern über Asyl? Da wird die Befragung zur Prüfung und die mitmenschliche Anteilnahme bleibt in der Regel außen vor.

Ich erlebe, dass bei den geflüchteten Menschen, je länger sie hier sind, das Bedürfnis nach Erzählen der Fluchterlebnisse wächst. Ich kann das gut beobachten im Rahmen der Playback-Theaterauftritte, die wir in regelmäßigen Abständen in Unterkünften für Geflüchtete anbieten. Meine Aufmerksamkeit richtet sich inzwischen darauf, ob die Betreuenden überhaupt bereit sind, die Erlebnisse der Geflüchteten zu hören, sie anzuhören. Man bekommt ja bekanntlich nur das erzählt, von dem die Klienten glauben, dass die Helfenden es hören und verkraften können.

6.1.1 Sequentielle Traumatisierung

Es ist in der Regel nicht ein einzelnes traumatisches Geschehen, das die Geflüchteten erleben, sondern es sind mehrere Schichten von existenziellen Belastungen, die H. Keilson in seiner Untersuchung über die Traumatisierung jüdischer Kinder in den Niederlanden „sequentielle Traumatisierung" genannt hat (Keilson 2005).

David Zimmermann beschreibt in Anlehnung an Keilson sechs Sequenzen bei geflüchteten Menschen:

1. Sequenz ist die Situation vor der Migration im Heimatland, die durch Krieg und Gewalt und Gefühle extremer Hilflosigkeit und Angst geprägt ist.
2. Sequenz ist die Erfahrung der Flucht, geprägt von Angst, eventuell Lebensgefahr und Abhängigkeit von Fluchthelfern und Polizei, bei Jugendlichen zudem die Trennung von der Familie. Und bei vielen Menschen möglicherweise Gewalterfahrungen.
3. Sequenz ist die Anfangssituation im Aufnahmeland, ohne Sprachkenntnisse verstörenden und unverstandenen Situationen in Notunterkünften ausgesetzt zu sein
4. Sequenz ist die Chronifizierung der Vorläufigkeit. Es passiert nichts außer zermürbendem Abwarten.
5. Sequenz ist nach der Anhörung die drohende Abschiebung.
6. Sequenz ist die Situation nach dem Asylverfahren, mit der Möglichkeit, das Leben selbst in die Hand zu nehmen. Ob das gelingt, oder ob das zu einer weiteren

Traumatisierung führt, hängt viel von der Möglichkeit und Fähigkeit ab, sich in die Gesellschaft einzubringen und von ihr angenommen zu werden (nach Zimmermann 2015, S. 47 ff.).

Gut zu wissen: Trauma

Trauma bedeutet „Wunde" und es schmerzt wie eine Wunde und schmerzt immer weiter. Man bezeichnet damit seelische Verletzungen, die oft so schwer sind, dass die Selbstheilungskräfte nicht ausreichen, sie zu heilen. Der Begriff Trauma wird sowohl für das auslösende Ereignis als auch für die Folgesymptome verwendet. Beim Trauma handelt es sich entweder um ein einmaliges Ereignis oder über längere Zeit sich wiederholende Erfahrungen von Gewalt oder Verfolgung, oder eine Folge von sich „aufschichtenden" Traumata (sequentielle Traumatisierung). Auch Naturkatastrophen können ein Trauma auslösen, haben aber keine so tiefgreifenden Auswirkungen auf die Psyche, weil sie als schicksalhaft empfunden werden im Gegensatz zu der Gewalt, die gezielt durch Menschen ausgelöst wird. Der durch das Menschsein ungeschriebene Pakt menschlichen Miteinanders wird außer Kraft gesetzt. Die Betroffenen geraten in eine Situation, in der kein angemessenes Handeln, kein Entkommen möglich ist. Es ist eine nicht bewältigbare Ohnmacht. Doch nicht alle Traumatisierten entwickeln in der Folge Störungen (ca. 50 %). Die Traumafolgestörungen, mit denen die Betroffenen und die Betreuenden umgehen müssen, sind abhängig

a. von der Schwere und Häufigkeit der traumatischen Erfahrungen,
b. von den Umständen direkt nach den traumatischen Erlebnissen,
c. von den Ressourcen und den Widerstandskräften der jeweiligen Person
d. vom jeweiligen Alter- und Entwicklungsstand und
e. von den Lebensbedingungen im Exil im Anschluss an die traumatischen Erfahrungen, u. a. der Aufenthaltssicherheit, der Unterstützung, den familiären Bindungen, den materiellen Ressourcen und der Zukunftsperspektive.

Typische Merkmale der Traumafolgestörung sind

- nicht kontrollierbares Wiedererleben traumatischer Ereignisse (Flashbacks)
- Gefühlstaubheit, Abschottung und Teilnahmslosigkeit
- eingeschränkte Impulskontrolle, die sich äußert in plötzlichen emotionalen Aufwallungen
- Dauertrauer (Gefühle der Verzweiflung und Niedergeschlagenheit)
- Scham- und Schuldgefühle
- Schlafstörungen
- körperliche Schmerzen (meist Kopf- und Bauchschmerzen)
- selbstverletzendes Verhalten
- Hoffnungslosigkeit

(nach BAfF 1 2016a)

Trauma-Erfahrungen sind immer mit Ereignissen verbunden, die außerhalb des Rahmens normaler menschlicher Verarbeitungsmöglichkeiten liegen und die für *jeden* Menschen extrem belastend sind. Die Betroffenen erleben sich als Opfer von Ereignissen, denen sie hilflos ausgeliefert sind.

▪ Darüber reden

Über das Erlebte zu reden ist nicht leicht, das gilt für alle Beteiligten. Scham-, Schuld- und Angstgefühle verschließen die Münder. Das Vertrauen in sich selbst und in menschliche Kontakte ist grundsätzlich erschüttert oder sogar vernichtet. Welche Form des Sprechens, welche Wörter und Sätze ermöglichen eine Verständigung? Welches physische, emotionale und sprachliche Repertoire haben wir dafür? Die Schwierigkeit, Worte zu finden, ist ein Problem zusätzlich zur Sprachbarriere. Und eine weitere Barriere ist: Wollen/können die Helfer es hören?

Nicht hören können

Eine syrische Mutter erzählt der Erzieherin in einem mobilen Kindergarten von ihren Erlebnissen im Kriegsgebiet. Die Erzieherin sitzt wie gebannt auf ihrem Stuhl, kann den Bericht nicht mehr aushalten, aber auch nicht beenden.

Wie kann die Erzieherin damit umgehen? In der Supervision werden Erfahrungen der Selbsthilfe ausgetauscht und Strategien entwickelt.

- Aufstehen und herumgehen: Die Loslösung vom „Bannplatz" macht den Kopf wieder klar und hilft, zu erkennen, was nötig und sinnvoll ist.
- Eine sagt: Die Sprachbarriere ist für mich auch Schutz und Rettung davor, mir mehr anhören zu müssen, als ich hören kann.
- Eine andere: Ich sehe in den Augen das Redebedürfnis, bin aber selbst nicht offen dafür. Wir müssen Brücken schaffen zu anderen Hilfen.
- Positive Bilder neben das Grauen stellen: Ein Junge erzählte in der Spielgruppe immer wieder, wie seine Schule abgebrannt ist. Jetzt hat er einen Schulplatz und geht mit Begeisterung in die Schule. Es ist, so erzählt die Kollegin, als würde sich eine Folie über die Erinnerung legen und die Farben verändern.

In einer weiteren Supervisionssitzung dieses Teams unterstützt eine der Erzieherinnen ihre Kolleginnen mit folgendem Satz: „Ich bin selbst dabei, eine traumatische Erfahrung aufzuarbeiten. Ich kann diese schreckliche Lebenserfahrung inzwischen auch als einen Schatz in der Arbeit mit traumatisierten Menschen sehen. Ich habe gelernt, herauszufinden, was mir gut tut und wie ich mich schützen kann. Das kann ich weitergeben und anderen Menschen helfen, ihren Selbstschutz zu finden."

Niemand kann die furchtbaren Erlebnisse von geflüchteten Menschen ungeschehen machen. Ziel jeder Begleitung (psychotherapeutisch, psychoedukativ) ist, dass die Erlebnisse räumlich und zeitlich geordnet werden, Kontrolle und Vertrauen in die eigene Handlungsfähigkeit zurückgewonnen werden. Das Trauma soll als ein Teil der eigenen – vergangenen – Geschichte eingeordnet werden.

Was hilft dabei? Und was können Betreuende ihnen geben?

Methodenbox

Nähe und Distanz

Ausgangssituation (z. B.): Frage im Team: Wer kann diese Aufgabe übernehmen?

Ziel: Klärung der Bereitschaft und der Fähigkeiten für eine Aufgabe.

Ablauf: Zu der Frage oder der Aufgabe oder den benötigten Fähigkeiten dafür wird ein Symbol auf den Boden gelegt. Das ist der Mittelpunkt. Zu verschiedenen Fragen positionieren sich die Teammitglieder in für sie passende Abstände zum Symbol. So wird deutlich: Wer möchte/kann welche Aufgabe übernehmen? Wer hat welche Fähigkeiten? Wer ist psychisch in der Lage, einen Auftrag (z. B. eine Begleitung) zu gewährleisten?

Durch die für alle Teammitglieder physische Übersicht im Raum ist meist eine schnelle Klärung im Team oder in der Gruppe möglich.

6.1.2 Alltagshilfen

Traumatisierte Menschen brauchen vor allem Sicherheit, Orientierung und müssen die Kontrolle über ihr eigenes Leben zurückbekommen. Dabei ist der in der Regel unsichere Aufenthaltsstatus höchst kontraproduktiv. So lange hier die Ungewissheit über die Zukunft herrscht, setzen sich die traumatisierenden Strukturen fort.

Quälendes Warten

Mein Mündel wartet seit einem halben Jahr auf sein Anhörungsverfahren. Das ist eine durchaus übliche Wartezeit, aber dass diese Dauer „normal" ist, nützt ihm gar nichts. Der Jugendliche quält sich mit seiner Angst vor dem Verfahren, hat Schlafstörungen, Kopf- und Bauchschmerzen, die trotz gesicherter, guter Umgebung zunehmen.

Eine wichtige Aufgabe für die Helfenden ist es, den geflüchteten Menschen zuzuhören, für sie da zu sein ohne Bewertung, ihnen eine respektvolle Haltung entgegenzubringen, Parteilichkeit gegenüber dem erlittenen Unrecht zu zeigen, gemeinsam zu trauern und eine Erklärung für befremdliches Verhalten zu geben (Du bist nicht verrückt, krank, unsozial, deine Reaktionen sind „normale" Reaktionen auf belastende Situationen).

Gut zu wissen: Interventionsmöglichkeiten in Krisensituationen

- Raum geben, halten, auffangen, da sein ohne jeden Anspruch
- Erlaubnis für Tränen geben: Tränen sind in Ordnung
- zuhören ohne Bewertung
- Sicherheit eines zeitlichen Rahmens geben: „Ich bin … wieder hier."
- Ressourcenorientierung (behutsam): Wo sind deine Stärken, wo bist du gut, wo fühlst du dich sicher …?
- Unterstützungssysteme: „An wen kannst du dich im Notfall wenden, wen anrufen?"
- Notfallkoffer: „Was könnte dich heute, in diesem Augenblick, unterstützen und stärken?"
- Bedeutungsgebung (behutsam): „Lässt sich ein Sinn finden?"
- Biografische Ressourcen: „Wie hast du dir/was hat dir in ähnlichen Situationen geholfen?"
- In der Gruppe: sich Unterstützung holen. „Wen möchtest du an deiner Seite haben?"
- „Gibt es etwas Spirituelles, dass dich stützen könnte?"
- „Was könnte dich unterstützen, so dass du dich körperlich wohlfühlst?"
- Ungewöhnliches Verhalten erklären (das ist eine normale Reaktion auf außergewöhnliche Ereignisse)
- Und schließlich: „Wie gibst du deinem Alltag Struktur?"

Außerdem ist es wichtig, soweit wie möglich das Selbstwertgefühl zu stärken, gemeinsam nach Ressourcen zu suchen, zu sammeln, was schon alles geschafft wurde. Dies wird gestützt durch eine feste Tagesstruktur, soweit diese machbar ist. Auch wenn die Zukunft ungewiss ist, können die Helfenden in schwierigen Momenten darauf hinweisen, dass zurzeit Sicherheit besteht und dass die schrecklichen Erlebnisse zur Vergangenheit gehören.

Kraftmomente

Wenn Menschen mir Fluchtgeschichten erzählen, frage ich oft nach solidarischen Momenten während der Flucht, nach Freundschaften, die entstanden sind, nach Erfolgsmomenten. Darüber reden und anerkennen, welche Stärke es ist, die Flucht durchgestanden zu haben. Als mein Mündel mir auf seinem Handy Fotos von Menschen gezeigt hat, die ihm auf der Flucht geholfen haben, von Jungen, mit denen er zeitweilig zusammen war und die seine Freunde geworden sind, habe ich ihn angeregt, von diesen Fotos Abzüge zu machen. Die hängen jetzt an seiner Schranktür. Warme Bilder über die schweren Bilder ziehen, die Lichtpunkte im Grauen entdecken.

Wenn dann aber, wie einmal bei einem Playback-Theaterauftritt in einer Unterkunft für Geflüchtete geschehen, auf die Frage nach Solidaritäts- und Kraftmomenten die Antwort kommt: „Es gab nichts, gar nichts davon", dann ist das besonders bitter und sehr schwer auszuhalten. Die Moderatorin war ratlos, was sie den Schauspielern als Spielauftrag geben sollte. Sie hat dieses „Nichts" spielen lassen und es zeigte sich, es gibt nicht „nichts" und es gibt keine Nichtkommunikation. Und es gab ein Ankommen des Geflüchteten in Bremen.

Methodenbox

Stärken stärken
Ausgangssituation (z. B.): Sich wenig zutrauen.
Ziel: Sich der eigenen Stärken vergewissern und Kraft schöpfen.
Ablauf: Protagonist wählt Gruppenmitglieder für eigene Stärken (z. B. Menschen versorgen können, Zuhören können, praktische Lösungen finden etc.) Die gewählten Stärken stellen sich in einen Kreis. Die Protagonistin stellt sich *hinter* jede Stärke und gibt ihr einen Satz (eventuell mit Hilfe der Leitung). Dann stellt sie sich in den Kreis, stellt sich rundum *vor* jede Stärke und hört sich deren Satz an. Diese Runde wiederholt sie zweimal.

6.1.3 Sekundäre Traumatisierung

Auch für die Helferinnen sind die Lichtpunkte wichtig. Sie können ähnliche Symptome wie die Traumatisierten erleben. Empathie, die dringend notwendige Fähigkeit, kann auch zur Falle werden. Ich möchte hier auf den Unterschied zwischen Mitgefühl und Mitleid hinweisen. Wenn das Mitgefühl dazu führt, dass die Helfende selbst (mit-)leidet, ist eine Grenze überschritten. Alpträume, belastende Bilder, die sich nicht abschütteln lassen, Depression, Schlafstörungen, Erschöpfung, Hoffnungslosigkeit, Gereiztheit und Übererregung, fehlende Konzentration und die Unfähigkeit, Arbeit und Freizeit voneinander zu trennen, sind typische Merkmale einer sekundären Traumatisierung. Wie leicht oder schwer es für die Helfenden ist, diese Belastungen zu überwinden, ob sie dazu Hilfe brauchen oder es mit eigener Widerstandskraft schaffen, hängt von der aktuellen Lebenssituation, von biografischen Erfahrungen, und von den jeweils vorhandenen psychischen und physischen Ressourcen ab. Und davon, ob es Unterstützungsmöglichkeiten gibt.

Für ein angemessenes Umgehen mit dem Schicksal der geflüchteten Menschen sind Empathie *und* Grenzziehung wichtig. Wenn die Betreuenden nur eins von beiden geben, führt das zu Überengagement oder Zynismus (und auf beides folgt Erschöpfung).

Aber auch, wenn die Symptome sich gleichen, gibt es einen bedeutsamen Unterschied: Die primären Trauma-Opfer konnten das traumatische Geschehen nicht vorhersehen und nicht beeinflussen. Wir wissen um sekundär traumatische Symptome, können sie erkennen, darüber aufklären und ihnen entgegensteuern.

Gut zu wissen: Hilfe für Helfende

Wenn Helfende spüren, dass mit ihnen etwas nicht stimmt, dass sich die oben genannten Symptome einstellen, dann ist es wichtig:

- auf die eigenen Grenzen zu achten, nein zu sagen,
- sich zeitliche Grenzen des Engagements zu setzen,
- zu reden, zu erzählen, sich Menschen zu suchen, die offen sind und zuhören,
- nicht alles allein zu machen, sich Hilfe zu holen,
- Rituale zum Loslassen, zum Abschütteln für sich entwickeln,
- sich bewusst zu machen, was außerdem wichtig ist im eigenen Leben und diesem Raum geben,
- die eigene Berührung auch wahrzunehmen als Chance persönlichen Wachstums,
- spirituelle Bedürfnisse (wieder) zu finden und sich Zeit dafür zu nehmen,
- Ein Gleichgewicht zwischen Arbeit, Spiel/Freizeit und Ruhepausen (wieder) herzustellen, ebenso wie ein inneres Gleichgewicht anzustreben,
- die Wahrnehmung für die eigenen körperlichen, psychischen und spirituellen Bedürfnisse (wieder) zu beleben und sich Zeit dafür zu nehmen,
- In Verbindung zu bleiben – oder wiederzukommen – mit sich selbst und Menschen um sich herum,
- Bewusst einen Sinn zu suchen (oder wieder zu entdecken: in der Arbeit, bei allen Aktivitäten, mit anderen Menschen, im Leben in der Natur …).

6.2 Salutogenese – Orientierung für die eigene Gesundheit

Das Fremde und das Gemeinsame wahrzunehmen und sich selbst dabei zu erforschen, ist eine Aufgabe in der Supervision mit freiwillig und beruflich Engagierten. Wo extreme Emotionen sind, da liegt auch extremes Potenzial für Gegenbewegungen verborgen. Da gibt es die versteckte Gefahr, mehr und mehr und mehr zu machen, bis die Helfende sich selbst verliert und dann möglicherweise frustriert ihr Engagement hinwirft.

Beim freiwilligen Engagement gibt es nicht die Bindung durch eine Anstellung, nicht die Motivation durch Verdienst. Es ist gekennzeichnet durch eine hohe intrinsische Motivation, genährt durch biografische Aspekte, durch politische Einstellungen, durch Sinnsuche. Und kein Arbeitsvertrag regelt, wann es zu viel wird.

Ein hilfreicher roter Faden für die Selbstreflexion, an dem sich die Supervision mit den Freiwilligen und Beruflichen orientieren kann, ist das Modell der Salutogenese, der Lehre von der Gesundheit.

Aaron Antonowsky prägte diesen Begriff als komplementären Ansatz zur Pathogenese, der Lehre von Krankheit. In den 1970er-Jahren machte er eine Untersuchung in Israel mit Frauen, die den Holocaust überlebt hatten, zu der Frage: Was hält Menschen gesund, trotz Stress und extremer Belastung? Das Untersuchungsergebnis bezeichnete er als Kohärenzsinn und meint damit ein Gefühl des Menschen von Zugehörigkeit und Zuversicht, das Gefühl, eingebettet zu sein in die Zusammenhänge der Welt. Und dieses Gefühl wird getragen von einem dreifachen Vertrauen: dem Vertrauen in die Sinnhaftigkeit, die Verstehbarkeit und die Handhabbarkeit dessen, was Menschen in allen ihren Lebens- und Arbeitsbereichen empfinden und tun.

So heißen die dazugehörenden Fragen in der Supervision:

- Motivational (Sinnhaftigkeit): Macht das Engagement für mich einen Sinn? Passt es in mein Leben und ist es eine sinnvolle Herausforderung für mich?
- Kognitiv (Verstehbarkeit): Verstehe ich, was ich tue? Sind meine Umwelt und mein Tun für mich strukturiert, durchschaubar und vorhersehbar?
- Handlungsorientiert (Handhabbarkeit): Kann ich selbstbestimmt handeln und habe ich die entsprechenden Ressourcen dazu?

Oder jeweils die differenzierende Frage: Was von meinem Handeln erlebe ich als selbstbestimmt?

Diese drei Komponenten des Kohärenzgefühls stehen in einem wechselseitigen Zusammenhang. Sie können in dem sicheren Raum Supervision gemeinsam erforscht werden, aber auch in der reflexiven Selbstbefragung. Bei behutsamem Vorgehen richten sie auch Menschen wieder auf, die belastenden Situationen hilflos ausgeliefert oder von Emotionen überwältigt scheinen.

Antonowsky bezeichnet das Kohärenzgefühl als dynamisch, weil es fortwährend mit neuen Lebenserfahrungen und wechselnden Ressourcen konfrontiert und von diesen beeinflusst und verändert wird. Er erklärt die unterschiedlichen Ansätze der pathogenetischen und salutogenetischen Herangehensweise mit einer einleuchtenden Metapher: Die Pathogenese möchte Menschen mit hohem Aufwand aus einem reißenden Fluss retten, ohne zu fragen, wie sie da hineingeraten sind. Der reißende Fluss ist für Antonowsky der Strom des Lebens. Niemand geht sicher am Ufer entlang. Die Salutogenese fragt: Wie wird man, wo immer man sich in dem Fluss befindet, ein guter Schwimmer? Darum geht es in der Supervision: die individuellen Fähigkeiten des Menschen zum Schwimmen zu entdecken und seine Ressourcen, um schwimmen zu lernen, zu unterstützen (nach Antonowsky 1997).

Wenn allerdings, um auf die Situation der Freiwilligen zurückzukommen, das sinnhafte und selbstbestimmte Handeln durch Kontrolle und Eingriffe von außen beschränkt wird – durch Erwartungen der Politik, behördliche Restriktionen, Forderungen oder Aufgabenzuteilungen durch die Organisationen – ist das Engagement gefährdet. Freiwillige haben in ihrem Engagement eine große Sensibilität für Gerechtigkeit. Das hat mit der Freiwilligkeit zu tun: „Ich schenke meine Zeit, Energie und Fähigkeiten und möchte, dass damit respektvoll umgegangen wird." Wenn ihnen ungerechtfertigt reingeredet wird, wenn sie sich ausgenutzt fühlen, dann verringern sich das Verantwortungsgefühl und die Lust am Engagement.

6.3 Kollegiale Beratung – Hilfe zur Selbsthilfe

Das Ziel jeder Supervision und Beratung ist es, sich überflüssig zu machen. Supervision soll ein Team, eine Gruppe darin stärken, für sich selbst Verantwortung zu übernehmen. Sie soll die Offenheit in Teams dahingehend fördern, dass Konflikte angesprochen und geklärt werden, ohne auf die nächste Supervision zu warten; dass Kollegen sich gegenseitig ihre Wertschätzung zeigen, sich in ihrer Unterschiedlichkeit wahrnehmen und sich ergänzen. Es gibt einige hoch belastende Berufsfelder, die durchgehend Supervision brauchen. Aber in der Regel sollte sie – so meine Haltung – nicht dauerhaft sein. Von Zeit zu Zeit kann jedes Team, das mit Menschen arbeitet, einen frischen Supervisionsschub gebrauchen, damit ein fremder Blick und eine „Zeugenschaft" von außen das Team, die Gruppe wach dafür machen, sich selbst aus der Distanz zu sehen und Normen und Routinen infrage stellen zu können. Aber dann kann ein Team sich auch wieder eine Weile auf sich selbst verlassen, denn jeder Einzelne, jedes Team hat Stärken zur Selbstreflexion.

Zur Unterstützung der selbstreflexiven Kräfte gibt es das Modell der Kollegialen Beratung.

▪ Ein Format der Selbsthilfe: Kollegiale Beratung

Kollegiale Beratung geht davon aus, dass in jedem Team und jeder Kollegengruppe viel Expertenwissen vorhanden ist. Um dieses sinnvoll in der Selbstberatung zu nutzen, braucht es ein Regelsystem, um ohne den Supervisor oder Moderator von außen effektiv arbeiten zu können. Dieses Regelsystem bietet die Kollegiale Beratung. Es ist ein Format zur strukturierten Reflexion des beruflichen Alltags oder des freiwilligen Engagements.

Die Vorteile des Formats:

- Es nutzt die Erfahrung aller Gruppen- und Teammitglieder.
- Es qualifiziert die Mitglieder fachlich und methodisch.
- Das Regelwerk konzentriert auf die Inhalte und minimiert die Gefahr hinderlicher Gruppendynamik.
- Durch klare Strukturen ist die Anwendung einfach.

Tab. 6.1 Ablauf Kollegialer Beratung. (Eigene Darstellung)

Phase/Arbeitsschritt	Beteiligte	Dauer
1. Klärung der Tagesmoderation und Klärung der Themen zur Bearbeitung	Alle	5 min
2. Falldarstellung mit leitender Fragestellung	Fallerzählerin	5 min
3. Rückfragen zur Darstellung (nur Verständnisfragen, keine Ratschläge)	KollegInnen/Fallerzählerin	3 min möglichst kurz halten
4. Phantasiephase in Identifikation mit den beteiligten Rollen	KollegInnen (Fallerzählerin lehnt sich zurück)	10 min
5. Einfälle zum Verstehen der Situation (keine Lösungen oder Ratschläge!)	KollegInnen (Fallerzählerin lehnt sich zurück, wird nicht angesprochen)	10 min
6. Reaktion: Was hat mich berührt, was habe ich verstanden?	Fallerzählerin	3 min
7. Kollegiales Gespräch über Lösungsmöglichkeiten	Fallerzählerin/KollegInnen	10 min
8. Folgerungen: Was ist mein Ziel? Was ist mein nächster Schritt?	Fallerzählerin	5 min
9. Feedback zur Beratung	Alle	5 min
Gesamtdauer		50 min

In Tab. 6.1 finden Sie ein mögliches Ablaufschema.

Die Gesamtlänge und Dauer der einzelnen Arbeitsschritte müssen der zur Verfügung stehenden Zeit angepasst werden.

Die Kollegiale Beratung ist ein nicht-hierarchisches Instrument, mit dem die Erfahrung und das Wissen jeder Teilnehmerin zum Tragen kommen. Die jeweils wechselnde Leitung hat lediglich die Aufgabe, auf Zeit und Struktur zu achten. Folgt die Gruppe der Anleitung, dann wird die Fallerzählerin auch nicht mit Ratschlägen zugedeckt, die leicht das Gefühl auslösen können, etwas falsch gemacht zu haben. Stattdessen bekommt sie Ideen und Empfindungen als Angebot, denn die Kollegiale Beratungsgruppe ist kein Entscheidungsgremium. Die Anregungen entbinden die Fallerzählerin nicht der Verantwortung für das eigene Handeln.

In diesem Schema ungewöhnlich ist die Phase 4, in der sich alle Gruppenmitglieder (außer der Fallerzählerin) eine Person wählen, die am Fall beteiligt ist, und sich in deren Rolle einfühlen (z. B. betroffenes Kind, Lehrer, Eltern, Case-Managerin etc.). Als diese äußern sie ihre Gedanken, Wünsche und Ängste, ihren Ärger und ihr Verstehen. Sie sprechen ihre Beiträge jeweils in die Mitte, es sollten keine Diskussionen zwischen den Rollen entstehen. Es ist so etwas wie eine vielfältige Materialsammlung zum Fall. Diese Phase erweitert die Wahrnehmung und das Verständnis.

Der Prozess folgt dem in der Beratung bewährten Dreierschritt von HÖREN – VERSTEHEN – REAGIEREN. Durch das längere ausschließliche Zuhören wird die Fallerzählerin angeregt, sich fremde Wahrnehmungen anzuhören und hat die Chance, eigene Verwicklungen zu erkennen.

Diese Methode eignet sich nicht, wenn eine Person in der Gruppe der „Fall" ist, oder wenn alle Teilnehmerinnen vom Problem betroffen sind. Die Beratung würde dann extrem schwierig, weil der für die Beratung nötige Abstand fehlt.

Gut zu wissen: Checkliste für Kollegiale Beratungsgruppen

Die Durchführung erfordert eine gewisse Disziplin, die sich in der Gruppe erst einspielen muss. Es ist hilfreich, das Schema einzuhalten:

- Kommt möglichst zu jedem Termin. Der Abstand zwischen den Treffen sollte nicht größer als vier bis sechs Wochen sein.
- Achtet auf die Zusammensetzung der Gruppe. Welches Thema lässt sich in welcher Gruppierung besprechen?
- Haltet eine feste Struktur ein, die ihr euch selbst gebt. Z. B.:
  1. Befindlichkeitsrunde zur „Anwärmung"
  2. Reste der letzten Beratung („Was ist aus dem Fall geworden?")
  3. Kollegiale Beratung nach Schema
  4. Feedbackrunde
  5. Festlegen der Leitung für das nächste Treffen
- Jede und jeder sollte von jedem erfahren, wo sie/er gerade steht, was sie/ihn beschäftigt.
- Jede Sitzung benötigt eine Leiterin, die auf Struktur und Zeit achtet.
- Seid davon überzeugt, dass jede und jeder mit dem eigenen Wissen und der Einfühlung einen wichtigen Anteil an der Qualität des Prozesses und der Lösung hat.
- Zeigt einander, und vor allem der Fallerzählerin, eure Wertschätzung.
- Geht davon aus, dass jeder aus den Fallbesprechungen der anderen auch für sich einen Gewinn, eine Erkenntnis ziehen kann.
- Wagt auch, Gefühle, Assoziationen, Denkrichtungen auszusprechen, die provozierend oder ungewohnt sind.
- Formuliert Gedanken so, dass sie nicht verletzen. Wer verletzt ist, verschließt sich und kann nicht mehr mitdenken.

- Vergesst nicht die Feedbackrunde. Ehrliche Rückmeldung und ein guter Schluss sind Türöffner für die Qualität der nächsten Sitzung.
- Möglicherweise hilft es, ab und zu eine Moderatorin von außen hinzuzuziehen (zur Einübung des Modells und dann in größeren Abständen. (Weiterführende Literatur bei Rotering-Steinberg, 1996).

6.4 Regeln und Rituale

Meiner Erfahrung nach fehlt es an beidem: an klaren Regeln für das Verhalten im Aufnahmeland und an Ritualen, um Gemeinschaftsgefühle zu entwickeln. Es ist mir ein großes Bedürfnis, dies immer wieder zu vermitteln. Zu lange habe ich eine zu schnelle Hinnahme von schädlichem, undemokratischem Verhalten (z. B. gegenüber weiblichen Mitarbeiterinnen, Nichteinhalten von Verabredungen) unter dem Deckmantel des Mitleids oder des Kulturbonus erlebt. Diese Akzeptanz birgt die Gefahr, das Eigene zu verlieren, sich selbst und den eigenen Werten gegenüber untreu zu werden.

Jetzt kommen sie allmählich, die klaren Regeln für das Verhalten in unserer Gesellschaft, Regeln im Schwimmbad, im Straßenverkehr, gegenüber Frauen … Das Grundgesetz und die Menschenrechte erscheinen in unterschiedlichen Sprachen. Wird damit gearbeitet in den Unterkünften? Auch in den Notunterkünften und Übergangswohnheimen ist es wichtig, einen Katalog an Regeln zu entwickeln und Sanktionen für die Nichteinhaltung zu kommunizieren und zu praktizieren.

Vor allem müssen die Teams einheitlich agieren – und damit werden die Regeln wieder zum Supervisionsthema. Ohne Regeln wird Integration erschwert. So kritisiert eine hier aufgewachsene, iranische Frau, dass ihrem vor Kurzem geflüchteten Cousin niemand gesagt habe, wie die hiesige Gesellschaft ticke. Man habe ihn einfach leben lassen, ohne ihm Verhaltensregeln an die Hand zu geben. Wie solle er so Teil der deutschen Gesellschaft werden, fragt die Cousine (aus einem Interview in der Süddeutschen Zeitung vom 23.04.2016).

Regeln ordnen die Teilhabe an der Gruppe oder Gesellschaft, Rituale schaffen das Gefühl, zu einer Gruppe zu gehören und sind ein Schritt in Richtung Zugehörigkeit. Der Anfangs- und Schlusskreis in einer Kindergruppe oder einem Sprachkurs – sich anschauen, anfassen, gemeinsam einen Satz sagen oder ein Lied singen, die Begrüßung von Neuen, Bildung von Patenschaften, regelmäßige Treffen zum Erzählen aus der Heimat, auch Erzählen von Ritualen, Feiern von Festen etc. Das kann in der Einsamkeit von Fremden viel bedeuten. Oft vermitteln sie sich nicht nur über Sprache, sondern beziehen Gestik, Mimik und alle Sinne ein.

Verwässerte Rituale
Der wöchentliche Spielkreis in einem großen Übergangswohnheim wird seit einem Jahr von drei Freiwilligen geleitet. Eine von diesen erzählt, dass sie zu Anfang des Jahres feste Ankommens- und Abschiedsrituale eingeführt hatte: Alle sitzen am Tisch, durch das Rollen eines Balls oder durch Wattepusten von Kind zu Kind bekommt jedes Kind für einen Moment die Aufmerksamkeit von allen und sagt seinen Namen. Danach folgt ein Stopptanz nach afrikanischer Musik, bei dessen Stopps jedes Kind ein anderes berührt. Zum Abschluss des Nachmittags gibt es Obstsalat, der vorher gemeinsam geschnitten wurde. Die Kinder hätten diesen festen Rahmen sehr genossen und hätten sich während des Spielens aufeinander bezogen. Und auch den Freiwilligen hätten diese Rituale Sicherheit gegeben. Doch aus zwei Gründen hätten sich die Rituale aufgelöst.

1. Ihre Kollegen hätten die regelmäßige Wiederholung als krampfhaft und unnötig empfunden und sie nach und nach (schleichend) aufgegeben.
2. Da die Kinder im selben Haus wohnen, seien sie immer häufiger zu unterschiedlichen Zeiten gekommen oder gebracht worden und die Eltern hätten sie nach eigenen Bedürfnissen während der Spielzeit aus der Gruppe rausgeholt.

Rituale brauchen Konsens! Durch das Erzählen wird der Freiwilligen klar, wie wichtig es ist, die Diskussion darüber neu anzuregen, und dass auch von den Eltern gefordert werden darf, Regeln einzuhalten.

Es ist erstaunlich, dass sich die Literatur zu Ritualen überwiegend auf Kindergarten und Grundschule beschränkt. Dabei sind Rituale für Erwachsene ebenso bedeutsam. Der Zustrom Geflüchteter ist nicht mehr so endlos, die Aufregung der Betreuenden nicht mehr so groß, die technischen Seiten der Versorgung weitgehend geregelt – jetzt geht es um die Entwicklung von Zugehörigkeitskonzepten. Dazu gehört, in den Einrichtungen Rituale zu entwickeln.

Rituale sind meist auf Gemeinschaft bezogen. Es sind gestaltete, wiederkehrende Aktivitäten, die in bestimmter Reihenfolge ablaufen. Durch regelmäßige Wiederholung und indem wir ihnen eine über den Augenblick oder über ein konkretes Ziel hinausreichende Bedeutung verleihen, werden sie zu Ritualen. Sie geben Menschen die Sicherheit, zu einer Gruppe zu gehören, stärken das Zusammengehörigkeitsgefühl und können gestörtes Gruppengefühl heilen, z. B. nach Streitigkeiten in den Heimen. Sie vermitteln der Gruppe das Gefühl ihrer Einmaligkeit, schaffen Vertrauen und drücken kulturelle Verankerung aus. Regeln können angeordnet werden, Rituale brauchen Konsens, gerade deshalb tragen sie zur Sicherheit bei und stärken die Identität. Sie können aber auch einen ausschließenden Effekt haben. Wer am Ritual nicht teilnimmt, gehört nicht zur Gruppe. Deshalb ist es wichtig, Rituale in Gruppen transparent zu machen.

Gegen rassistisches Verhalten

In ▶ Abschn. 5.3 (Beispiel: „Einige Themen aus der Gruppe und ihre Bearbeitung: Rassismus") hatte eine Freiwilligengruppe in der Supervision Regeln entwickelt, um in einer Kindergruppe rassistischem Verhalten entgegenzuwirken. Im Umgang mit diesen Regeln hatte sich ein Ritual entwickelt. Wie sah dieses aus? Jeweils zu Anfang eines Spielnachmittags wurden die Regeln (laminierte Karten mit erklärenden Zeichnungen) in die Mitte auf den Boden gelegt und reihum von den Kindern vorgelesen oder mithilfe der Zeichnungen erzählt. Danach wurde den Karten ein fester Platz im Raum zugewiesen und bei Verstößen gegen die Regeln holte ein Kind die entsprechende Karte, stellte sich auf einen Stuhl und hielt die Regel hoch. Auf dem Stuhl zu stehen und die Regel zu halten, war ein beliebter Akt und die Kinder wurden sehr schnell sehr achtsam im Wahrnehmen rassistischer Verstöße. Zumindest im Übungsraum der Gruppenarbeit hatte dieses Ritual einen starken psychoedukativen Effekt.

Rituale haben also folgende Funktionen:
1. Sie vereinfachen die Bewältigung sozialer Situationen und strukturieren Abläufe/Tagesabläufe (wie z. B. Begrüßungen, Abschiede, Essenssituationen).
2. Sie unterstützen das Leben von Gemeinschaften und schaffen Zugehörigkeitsgefühl. Sie integrieren neue Mitglieder einer Gruppe und erleichtern das Beenden von Gruppen.
3. Sie begleiten Menschen von einer Lebensphase in die nächste und helfen bei Lebenskrisen oder bei der Bewältigung von Konflikten. Durch den Vollzug einer bestimmten Handlung wird ein unabgeschlossenes Ereignis zu einem angemessenen Ende gebracht. Sie können eine Ordnung wiederherstellen und eine reinigende Wirkung haben. Dies sind dann in der Regel einmalige Aktionen, die eine rituelle Bedeutung bekommen, indem sie sich deutlich vom Alltagshandeln unterscheiden.

Gerade in der Supervision hat man Zeit, gemeinsam darüber nachzudenken, was eine Gruppe, ein Team wirklich braucht, um vorangehen zu können.

Supervision ist ein Ort für Rituale

Oft ist es nötig, Konflikte, die seit Jahren unter den Teppich gekehrt wurden, noch einmal hervorzuholen, zu benennen und neu zu entscheiden, ob sie noch einer Bearbeitung bedürfen. Ich bin jedes Mal, wenn ich das folgende Ritual anleite, verblüfft, welch klärende, reinigende Wirkung es hat: Ich teile den Raum mit einer Schnur in zwei Teile, der eine ist die Vergangenheit und Gegenwart, der andere die Zukunft. Alle Mitglieder des Teams bewegen sich im „alten" Raum und notieren auf Zetteln die Themen, Kränkungen und Konflikte, die noch offen sind. Die Zettel liegen auf dem Boden, so dass alle sie lesen können. Nach einer Weile des Nachsinnens bewegen sich alle, jede in ihrem Tempo, in den „Zukunftsraum", nehmen die noch aktuellen Themen mit und breiten sie aus. Es sind meistens nicht viele, die Chance des Abwerfens von Last wird gern genutzt. Die zurückgelassenen Karten werden zerrissen (jede ihre eigenen) oder verbrannt, wenn dazu die Möglichkeit besteht. Die erleichternde Wirkung – so wird das mehrheitlich benannt – kommt hauptsächlich durch das bewusste Gehen vom alten in den neuen Raum und die Vernichtung der überflüssigen Karten, also durch die physische Aktion mit Beinen und Händen.

Woher kommt diese Kraft? Es ist die Macht des Sinnlichen, des Symbolhaften und der Emotionen, die im Ritual wirken, jenseits des Kognitiven. Genau das kann aber auch Angst machen, das Beschreiten eines Raumes, in dem der Verstand nicht die Kontrolle hat. Um die Angst zu mindern, sind Transparenz und eine deutliche Rahmung nötig und hilfreich. Zur Rahmung gehören: Transparenz über den Ablauf, klarer Anfang und Ende, klare Leitung und die Einwilligung aller.

Was wissen wir über die Rituale, diese wichtigen Kulturträger, der zu uns kommenden Fremden? Und was wissen die über unsere Rituale? Was wissen wir selbst darüber in unserer ritualarmen Zeit?

Die geflüchteten Menschen erleben mit ihrer Flucht wohl den größten Bruch in ihrer bisherigen Lebensgeschichte, sie erleben den Übergang von einer Kultur in eine andere, von einem sozialen Status in einen schmerzlich anderen. Möglicherweise mussten sie auch ohne ein Abschiedsritual aufbrechen oder Jugendliche ohne den Segen der Eltern. Übergangsrituale, die den Aufbruch würdigen und helfen, den ungeschützten, aktuellen Schwellenzustand des Dazwischen-Seins, der Desorientierung und Strukturlosigkeit auszuhalten, können einen Halt geben. Für geflüchtete Menschen, für die ein sicherer Status lange in der Zukunftslosigkeit verborgen bleibt, kann zumindest die Integration in die derzeitige Gruppe unterstützt werden.

Rituale können aber auch negative Auswirkungen haben, wenn sie ihre Lebendigkeit verlieren und blind wiederholt werden, wenn sie zu Routine und Erstarrung führen. Dann ist geboten, sie zu verändern und weiterzuentwickeln, denn Rituale müssen von allen Beteiligten akzeptiert werden.

Manchmal entsteht in Supervisionsgruppen das Bedürfnis, über Rituale, die in den Einrichtungen installiert werden können, nachzudenken, und es zeigt sich, dass sie für jede Gruppe individuell entwickelt werden müssen, auch wenn sie das gleiche Grundschema enthalten. So kann daraus auch mal eine Fortbildungseinheit zum Thema Rituale werden. Ich greife dann zu der Technik (und mache daraus ein Ritual, um dem Schritt Bedeutung zu verleihen), einen zweiten Stuhl für mich in den Kreis zu stellen und auf diesen zu wechseln, wenn ich Wissen vermitteln will, um meine Rollen sauber zu trennen.

Methodenbox

Arbeit mit Symbolen
Ausgangssituation (z. B.): Eine Freiwillige, die eine Roma-Familie betreut, ist unsicher, was die Familie von ihr braucht und was sie geben will.
Ziel: Sich eine klare Haltung erarbeiten.
Ablauf: Die Freiwillige wählt stellvertretend für sich und die Familienmitglieder Gegenstände im Raum und ordnet diese auf einer definierten Fläche an. Gemeinsam werden die zu Symbolen gewordenen Gegenstände betrachtet. Jedes der Symbole hat eine Farbe, eine Form, ein Material, ist glatt oder rau und hat eine Alltagsbedeutung. All dieses sind Informationen für das Verstehen im anschließenden Gespräch der Teilnehmenden über ihre Wahrnehmungen.
Im Unterschied zu dem direkten Erleben einer Person durch einen Rollentausch bietet die „Externalisierung" der Person mittels eines Symbols eine distanziertere „Draufsicht", die für das Verstehen einer Szene hilfreich sein kann.

Literatur

Antonowski, A. (1997). *Salutogenese. Zur Entmystifizierung der Gesundheit.* Tübingen: dgvt.

BAfF – Bundesweite Arbeitsgemeinschaft der psychosozialen Zentren für Flüchtlinge und Folteropfer (2016a). *1. Flüchtlinge in unserer Praxis.* Berlin: BAfF e. V.

BAfF – Bundesweite Arbeitsgemeinschaft der psychosozialen Zentren für Flüchtlinge und Folteropfer (2016b). *2. Ratgeber für Flüchtlingshelfer.* Berlin: BAfF e. V.

BAfF – Bundesweite Arbeitsgemeinschaft der psychosozialen Zentren für Flüchtlinge und Folteropfer (2016c). *3. Ratgeber für Flüchtlingseltern.* Berlin: BAfF e. V.

Bengel, J. et al. (1998). *Was erhält Menschen gesund? Antonowskys Modell der Salutogenese.* Köln: Bundeszentrale für gesundheitliche Aufklärung.

Bleckwedel, J. (2008). *Systemische Therapie in Aktion.* Göttingen: Vandenhoeck & Ruprecht.

van Gennep, A. (2005). *Übergangsriten.* Frankfurt: Campus.

Keilson, H. (2005). *Sequentielle Traumatisierung bei Kindern. Untersuchung zum Schicksal jüdischer Kriegswaisen.* Stuttgart: Enke.

Rotering-Steinberg, S. (1996). Ein Modell Kollegialer Supervision. In J. Schlee & W. Nutzek (Hrsg.), *Kollegiale Supervision.* Heidelberg: Edition Schindele.

Steinberger, K. (2016). Finger weg. *Süddeutsche Zeitung 23.4.2016. S. 3.*

Witte, K. (2001). Die Kunst des Denkens in Bildern. In F. Buer (Hrsg.), *Praxis der psychodramatischen Supervision.* Opladen: Leske + Budrich.

Zimmermann, D. (2015). Geprügelte Hunde reagieren so. Zwangsmigration, traumatisch beeinflusste pädagogische Beziehungen und der Nutzen tiefenhermeneutischen Verstehens. *Freie Assoziation, 18*(1), S. 43–69.

Die alltägliche Arbeit 2: Supervision mit beruflichen Teams

K. Witte, *„Versteh mich nicht zu schnell" – Achtsames Arbeiten mit geflüchteten Menschen*,
DOI 10.1007/978-3-658-17041-7_7

Zusammenfassung
Dieses Kapitel befasst sich mit den Belastungen, mit denen berufliche Teams konfrontiert werden. Und da sind es nicht unbedingt schwierige Klienten, die den Teams zu schaffen machen, sondern die institutionellen Bedingungen, denen sie ausgesetzt sind, wie nicht führende Leitungskräfte, fehlende Transparenz, nicht nachvollziehbare Umstrukturierungen usw. Das sind Faktoren, die erst einmal nicht spezifisch für die Arbeit mit geflüchteten Menschen sind, sondern viele Institutionen betreffen. Wer in der Hierarchie hat für wen Sorge zu tragen, damit „atmende Dienstabläufe" ermöglicht werden? Daneben gibt es natürlich auch die interaktionellen Herausforderungen, wie die verunsichernde Fremdheit, die manchmal so stark in die Arbeit wirkt, dass die gelernte Kompetenz blockiert scheint. Auch hier erleichtern Fallbeispiele das Verstehen.

Vieles, was oben zu den Freiwilligen gesagt wurde, gilt auch für die Hauptberuflichen. Doch bei einem Vergleich zwischen den beiden Gruppen scheint es mir nicht nur die Professionalität zu sein, durch die sich die Beruflichen besser vor dem Leid und den benannten und nicht benannten Forderungen der geflüchteten Menschen schützen können. Die Anstellung, der Vertrag, das Geld, die Arbeitszeiten und die Dienstpläne scheinen mir oft wie eine schützende Hülle, innerhalb derer die Mitarbeitenden freier mit Ja und Nein umgehen können als die Freiwilligen, die unter dem ständigen Bereitschaftsdruck stehen, auch wenn sie selbst berufstätig sind. Das gilt übrigens für viele der Arbeitsfelder, in denen Freiwillige tätig sind.

Ich habe hier Hauptamtliche, die in Unterkünften arbeiten, Sozialarbeiterinnen und Sozialarbeiter in Ämtern, die für minderjährige Jugendliche zuständig sind, Mitarbeitende in der Verwaltung etc. im Blick, auch wenn nicht alle Funktionsgruppen im Text auftauchen. Dann aber erlebe ich zurzeit (und das mag eine temporäre Erscheinung sein) noch eine weitere Zusammenstellung von Teams: In den Notunterkünften (Zelte, Sporthallen, Container und Übergangswohnheime) gibt es Teams, die nur zu 50 % aus Sozialarbeitern, Erzieherinnen etc. bestehen. Die anderen sind Studenten oder Absolventen unterschiedlicher Fachrichtungen, Arbeitslose und Hausfrauen, die auf Zeit diesen Job wahrnehmen, noch nie Supervision gehabt haben und mit sehr unterschiedlichem Engagement ihre Aufgaben wahrnehmen.

Um die Supervisandinnen zu entlasten, ist es hilfreich, zwischen institutionellen/strukturellen und interaktionellen Belastungen in der Arbeit zu unterscheiden. Denn bei institutionellen Themen ist genau zu fragen. Was lässt sich verändern und wo kann ein Team sich vergebliche Anstrengungen ersparen?

7.1 Institutionelle Belastungen

Die institutionellen Belastungen sind fast die gleichen, die in nahezu jeder Einrichtung vorkommen, aber was es immer schon gab, wird deutlicher wie in einem Brennglas:

- Die Mitarbeitenden klagen über zu wenig Personal, dadurch entsteht Arbeits- und Bereitschaftsdruck und wenig Zeit für den persönlichen Kontakt und die pädagogische Arbeit.
- die Arbeitskraft wird durch organisatorische Aufgaben und Dokumentationspflichten aufgefressen.
- Es gibt wenig Anerkennung durch die Leitung und die Träger.
- Die Vermittlung von nötigem Wissen fehlt oft und es gibt keine Informationstransparenz, dazu kommt eine Verkomplizierung, Verzögerung und Schwerfälligkeit der Entscheidungen, weil häufig die Notunterkünfte und Heime von mehreren, konkurrierenden Trägern verantwortet werden und die Mitarbeitenden dadurch auch unterschiedliche Vorgesetzte haben.
- Ideen der Mitarbeitenden werden nicht umgesetzt und Mitarbeitende werden nicht als Experten genutzt.
- Es fehlen Dolmetscher. Dolmetscher gibt es für Arztbesuche oder Behördentermine, aber nicht für die ebenso wichtigen pädagogischen und Alltagsgespräche. Inzwischen gibt es schon Übersetzer, die mittels Video zugeschaltet werden können, die sollten allen Einrichtungen zur Verfügung stehen.
- Die Hierarchie unter den Mitarbeitenden (Status- und Gehaltsunterschiede zwischen Gelernten und Ungelernten) erschwert die Zusammenarbeit.
- Die Mitarbeitenden werden oft nicht einbezogen in die allmähliche Auflösung der Notunterkünfte oder sonstiger Veränderungen. Dies ist besonders auffallend und kränkend, weil es mehr und schnellere Umstrukturierungen gibt (durch Unsicherheit von Trägern und Politik) als in anderen Feldern. Und die Mitarbeitenden haben das Gefühl, nicht mehr Schritt halten zu können mit den Entwicklungen. Durch Auflösung und Neugründung von Heimen und Wohngruppen gibt es auch viel Betreuerwechsel und das erschwert, dass die Teams zur Ruhe kommen.
- Die Erwartungen der Politik: Bremen hat besonders viele unbegleitete Jugendliche aufgenommen, und die Mitarbeitenden stehen unter dem Erfolgsdruck, dass die Jugendlichen nicht auffällig werden. Da ist die Leitung gefordert, die Teams zu schützen vor politischem und gesellschaftlichem Druck und zwischen Politik und sozialer Arbeit zu differenzieren.

Solange ich Supervision mache, bin ich wiederkehrend mit diesen Themen bei Teams konfrontiert: Die Mitarbeitenden fühlen sich nicht wertgeschätzt, gesehen, informiert, gefördert und geschützt von ihren Leitungen (Das gilt für Betriebe, Institutionen,

Behörden, Vereine, Kirchengemeinden usw.). Sicher liegt ein Teil dieser Wahrnehmungen in biografischen Kränkungen der Mitarbeitenden begründet, ein Teil ist sicher dem Bedürfnis, Verantwortung abzugeben, zuzuordnen, aber darüber hinaus erlebe ich immer wieder Leitungen, die nicht leiten.

7.1.1 Schützende Dächer der Hierarchie

Die Aufgabe von Leitung, zu motivieren, zu orientieren, zu unterstützen, zu kontrollieren und zu schützen, wird nicht in dem Maße wahrgenommen, wie die Mitarbeitenden es sich wünschen. Ich benutze dafür das Bild eines schützenden Daches und in der Hierarchie eines Systems dann das Bild einer chinesischen Pagode mit mehreren, übereinanderliegenden, kunstvoll verzierten Dächern und herauskragenden, vor Regen schützenden Rändern, das ich hier aufwärts dekliniere (siehe ◘ Abb. 7.1).

- Das schützende Dach für die Freiwilligen liegt in der Verantwortung der Hauptberuflichen.
- Das schützende Dach für die Hauptberuflichen liegt in der Verantwortung der Leitung der Einrichtung.
- Das schützende Dach für die Leitung liegt in der Verantwortung der Geschäftsführung.
- Das schützende Dach für die Geschäftsführung liegt in der Verantwortung des Trägers/Vorstand.
- Unter jedem Dach lässt sich streiten, loben, kämpfen, diskutieren und entwickeln – aber es darf kein Leck geben

Das Fehlen dieser Dächer schafft bei einigen Mitarbeitenden ein dauerhaftes Gefühl, nichts verändern zu können, hilflos ausgeliefert zu sein. Es entwickelt sich im schlimmsten Fall bis hin zu einer Erschöpfungsdepression. Die Mitarbeitenden zweifeln am Sinn der Tätigkeiten und die Motivation nimmt ab (siehe die Fragen zur Salutogenese in ▶ Abschn. 6.2).

Zu schnelle Akzeptanz

Ein Betreuer einer Notunterkunft für 80 unbegleitete jugendliche Flüchtlinge erzählt, dass die Jugendlichen sich öfter Wasserflaschen aus der Küche holen und dann das Wasser auskippen, um an das Pfandgeld zu kommen. Alle im Team kennen das und es löst bei ihnen Ärger und Enttäuschung aus, aber schließlich zucken sie mit den Schultern. Im Rollentausch mit den Jugendlichen können sie verstehen, wie sehr das Pfandgeld lockt und dass sie keinen Unterschied sehen zwischen dem Leitungswasser und dem Flaschenwasser.

Abb. 7.1 Die „Dächer" der Verantwortung. (Eigene Darstellung)

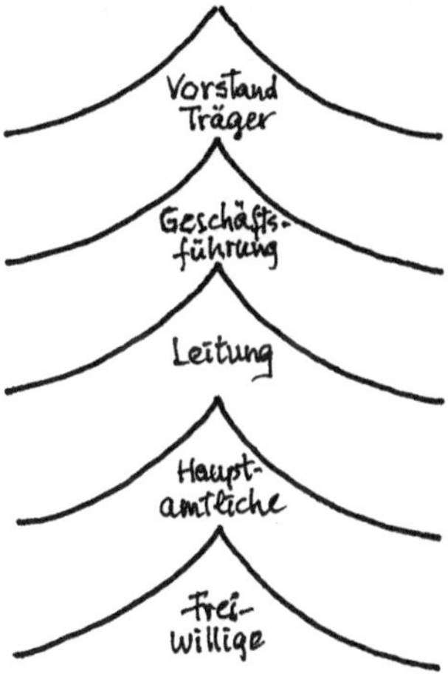

Aber verstehen heißt nicht entschuldigen und heißt nicht akzeptieren. Wenn bei den Jugendlichen keine von allen Betreuern getragene Haltung ankommt, werden die Jugendlichen sich nicht ernst genommen fühlen. Die Betreuer werden dann zu den Mächtigen, die nach Gutdünken abwinken oder bestrafen. Wenn sie so tun, als sei es ihnen egal, wenn sie nicht zurechtweisen, ihre Regeln deutlich machen und auf deren Einhaltung bestehen, ob es nun um Wasserflaschen, Diebstähle, Putzdienste, Verhalten den weiblichen Mitarbeiterinnen gegenüber oder Anmache im Schwimmbad geht usw., werden sie die Jugendlichen verlieren.

Methodenbox

Aufstellung

Ausgangssituation (z. B.): Unsicherheit der Supervisandin in Bezug auf ihre Rolle/Position in einer Gruppe, z. B. von Jugendlichen.

Ziel: Position erleben zu lassen.

Ablauf: Supervisandin wählt in einem abgegrenzten Raum einen Ort für sich selbst. Dann gibt sie den Gruppenmitgliedern stellvertretend für die Jugendlichen eine Position in dem Raum in Bezug zu sich selbst. Anschließend tritt sie nacheinander hinter die Vertreter der Jugendlichen und gibt jedem einen Satz. Verstärkend kann sie jedem Jugendlichen eine entsprechende Körperhaltung geben. Die Rollenträger wiederholen dann ihre Sätze mehrfach. Dadurch wird die Beziehung deutlich. Danach kann weiter gearbeitet werden, z. B. mit der Frage: Soll sich etwas ändern und was kann die Supervisandin dazu tun?

7.2 Interaktionelle Belastungen

Neben den institutionellen Belastungen gibt es die interaktionellen Belastungen (die in den gerade genannten Beispielen schon berührt wurden) im Umgang mit den Betreuten:

- Die Verständigung zwischen Betreuerinnen und Geflüchteten ist oft noch schwierig.
- Die Mitarbeitenden stehen oft hilflos neben z. T. sehr aggressiven Auseinandersetzungen zwischen den Bewohnern der Unterkünfte, weil sie denken, wegen der Verständigungs- und Verstehens-Schwierigkeiten nicht entschieden eingreifen zu können.
- Das Verhalten einiger Bewohner ist für die Mitarbeitenden manchmal fremd und beunruhigend.
- Es gibt häufig eine Spannung bei den Mitarbeitenden zwischen Vertrauen und Misstrauen (soll ich das jetzt glauben?).
- Bei den Bewohnern der Notunterkünfte und Übergangsheime fehlen oft ein Wissen und ein Verständnis für den Beruf, die Rolle und Funktion der Sozialarbeiterinnen und Erzieherinnen, wie überhaupt für unser Sozialsystem.
- Die Rolle der Betreuer ist häufig unklar. Wer sind sie als Hauptamtliche und Freiwillige in den Unterkünften für minderjährige Jugendliche: Bruder, Schwester, Freund, Vater, Mutter? Wie sehen sie selbst ihre Rolle?
- Die Hauptamtlichen haben oft Schwierigkeiten im Umgang mit den Freiwilligen. Die fühlen sich, so die Hauptamtlichen, „leicht als etwas Besseres, oder sie verbünden sich mit den Geflüchteten gegen die Hauptamtlichen." Auch hier stellt sich manchmal heraus, dass der Ärger gegen die Freiwilligen auf einem Schuldgefühl beruht: Die machen diese pädagogisch und moralisch wichtige Arbeit umsonst und ich werde dafür bezahlt.

Die psychische Belastung ist auch für die professionellen Helfer groß. In der Supervision geht es darum, herauszufinden, was konkret die Quellen der Belastung sind und wie sie dem abhelfen können. Oft ist es die Spannung zwischen Empathie und dem Bemühen um Distanz, die innerlich zerreißt und leicht in Abwehr umschlägt. Oder die frustrierende Erfahrung, dass nicht alle Mitarbeitenden am gleichen Strang ziehen. Und ich frage mich, welche Bedingungen braucht es am Arbeitsplatz, um emotionale Zuwendung zeigen und Verantwortung übernehmen zu können? Eine stellvertretende Verantwortung für die, die öffentlich ohne Stimme sind.

Methodenbox

Stuhl der Einfühlung
Ausgangssituation (z. B.): Eine Fallbesprechung über einen Betreuten.
Ziel: Die Sicht des Betreuten mit einbeziehen.
Ablauf: Während der ganzen Besprechung steht ein leerer Stuhl im Kreis, sinnbildlich für denjenigen, um den es im Gespräch geht. Die vorgestellte Anwesenheit verändert, wie über ihn gesprochen wird. Im Laufe der Besprechung kann sich immer mal wieder ein Supervisand auf den leeren Stuhl setzen, um sich in den Betreuten einzufühlen und aus dessen Sicht zuzuhören und sich zu äußern.

7.2.1 Konfrontieren statt Weggucken

Die Konfrontation, das Einmischen, Haltung zeigen, nicht Entweichen lassen, Konsequenzen folgen lassen etc. – das alles ist anstrengender als das Wegschauen. Es gehört zu den Aufgaben der Supervisorin, durch Nachfragen das Wegschauen zu verhindern. Die Supervisorin ist keine Erzieherin der Supervisanden, doch sie kann ihre Beobachtung mitteilen, in diesem Fall z. B. die, dass sie die Betreuer seltsam gebremst erlebt (z. B. bei dem Beispiel mit den Wasserflaschen), wie abgeschnitten von ihren sonstigen professionellen Haltungen und pädagogischen Erfahrungen. Um dann gemeinsam darüber nachzudenken, was die Gründe dafür sind.

Sind es die institutionellen Barrieren, welche die Mitarbeitenden bremsen? Oder ist es möglicherweise der Einfluss der vermuteten Traumatisierung der Jugendlichen auf das Verhalten der Betreuer (und auch der Freiwilligen), dass sie sich unbewusst Einschränkungen auferlegen und dadurch klein und vorsichtig werden? Dann kann ein Satz, im Schutz der Supervision, laut ausgesprochen: „Egal, ob du traumatisiert bist oder nicht, du machst den Dreck jetzt weg!" mit einem Lachen zurück in die Normalität führen und die Betreuer richten sich wieder zu ihrer normalen Größe auf.

Betreuerinnen als Servicekräfte
In einer Notunterkunft waschen und sortieren die Betreuenden die Wäsche der Jugendlichen. Sie sagen, diese Aufgabe könnten sie nicht den Jugendlichen übergeben, da dann zu viel Wäsche verschwinde und die Folge seien aggressive Auseinandersetzungen unter den Jugendlichen, weil Kleidung eine große Bedeutung für sie habe. Die Folge: Die Jugendlichen sehen und nutzen die Betreuerinnen als Servicekräfte.

Entweder die Jugendlichen oder die Betreuer machen die Wäsche? Die Supervisorin gibt sich damit nicht zufrieden und fragt, was die Betreuer wirklich davon abhalte, mehr Delegation zu wagen. Daraufhin macht das Team eine genaue Aufschlüsselung der Teiltätigkeiten, um dann zu erarbeiten, was in Betreuerhand bleiben muss und was die Jugendlichen übernehmen können. Gehört dieses Thema in die Supervision oder in die Dienstbesprechung?

Ich denke, beides ist möglich, aber in die Supervision kommen häufig Themen, die in Dienstbesprechungen vernachlässigt werden und dies ist so eines: Zur Qualitätsentwicklung eines Teams und zum Verhindern von Erschöpfungszuständen bei Einzelnen gehört es, „atmende Dienstabläufe“ zu gestalten (einen Rhythmus aus Spannung und Entspannung, Kontakt und Rückzug). Auf diese die Aufmerksamkeit zu lenken, kann zur Aufgabe der Supervisorin werden, und dazu kann auch der Blick aufs Wäschewaschen gehören.

In derselben Notunterkunft in der Turnhalle einer Schule haben die Jugendlichen später unter Anleitung den ganzen Sportplatz trockengelegt, Gräben gezogen, Drainagen verlegt usw. und waren sehr zufrieden mit den Anforderungen, die an sie gestellt wurden.

Methodenbox

Systemdynamik
Ausgangssituation (z. B.): Fragen oder Unsicherheit in Bezug auf eine Gruppierung.
Ziel: Die Dynamik der Gruppe und ihre Auswirkungen zu verstehen.
Ablauf: Supervisandin legt mit Steinen, Gegenständen oder Münzen ein System (eine Familie, eine Jugendwohngruppe, eine Organisation, ein Team von Freiwilligen usw.). Wer liegt nah beieinander, wer ist weit entfernt? Die Gruppenmitglieder geben Rückmeldungen zu ihren Wahrnehmungen. Verstehen und Veränderungsmöglichkeiten werden diskutiert.

Berufliche und Freiwillige – eine nicht einfache Beziehung

K. Witte, *„Versteh mich nicht zu schnell" – Achtsames Arbeiten mit geflüchteten Menschen,*
DOI 10.1007/978-3-658-17041-7_8

Zusammenfassung
Dieses Kapitel zeigt auf: In der Zusammenarbeit von Hauptamtlichen und Freiwilligen kann es lauernde Konflikte geben. Das hat fachliche und dienstrechtliche Gründe, hat aber auch mit Statusunterschieden zu tun und mit einer Dynamik, die von Unsicherheit, Angst, Neid, Widerstand und Machtbedürfnis auf beiden Seiten gespeist wird. Diese wahrzunehmen und zu akzeptieren, ist eine Aufgabe sowohl für berufliche als auch für freiwillige Mitarbeiterinnen. Nur im Dialog darüber können die Konflikte überwunden werden.
Gleichzeitig muss bei der großen Bereitschaft zum Engagement gefragt werden, wieweit die Organisationen bereit und fähig sind, die unterschiedlichen Typen von Freiwilligen (siehe ▶ Kap. 5) wahrzunehmen, anzunehmen und adäquat zu integrieren.

8.1 Unterschiedliche Ausgangs- und Arbeitssituationen

Die Beziehung zwischen Freiwilligen und Beruflichen ist nicht immer spannungsfrei. Freiwillig Engagierte werden zwar von den Organisationen gewünscht, gebraucht, gesucht, eingearbeitet und begleitet – doch oft bleiben es zwei getrennte Welten, die von schleichenden, nicht laut benannten Konflikten geprägt sind. Um diese zu verstehen, möchte ich vorerst den Blick auf die sehr unterschiedlichen Ausgangs- und Arbeitssituationen von Beruflichen und Freiwilligen richten. Es ist zwischen dienstrechtlichen und fachlich-inhaltlichen Faktoren (siehe ◻ Tab. 8.1) zu unterscheiden.

8.2 Statusungleichheiten

Seit es das Engagement von Freiwilligen gibt, gibt es die Zweiteilung von Beruflichen und Freiwilligen, in Deutschland ausgeprägter als in anderen Ländern. Die Professionellen haben die entscheidenden Rollen, die Freiwilligen sind Zuarbeiter (bis auf Organisationen, die ohne Freiwillige nicht existieren würden, wie z. B. Telefonseelsorge, Hospiz, Tafeln usw.). Als „Zuarbeiter" bieten sie für die Organisationen eine zusätzliche Qualität, aber die Organisationen würden auch ohne Freiwillige existieren. „Als Amateure ist ihr Platz am Spielfeldrand, bestenfalls auf der Ersatzbank. Die zentrale Rolle nehmen die berufsmäßig tätigen Akteure ein. Sie besitzen den ‚Alleinvertretungsanspruch' als die Experten" (Detlev Busche 2016, S. 2).

Das hat sich mit dem Strom der Geflüchteten und dem Angebot an Helfenden verändert, denn die Organisationen sind an ihre Grenzen gestoßen. Freiwillige waren plötzlich nicht mehr am Spielfeldrand, sondern wurden zu zentralen Akteuren, weil die Organisationen mit den Aufgaben überfordert waren, soziale Fürsorge, Bildung und Wohnraum zu organisieren. Vielerorts ist es so, dass die wirklich verlässlichen Bezugspersonen der Geflüchteten die Freiwilligen sind.

Tab. 8.1 Dienstrechtliche und fachliche Unterscheidungsmerkmale zwischen Beruflichen und Freiwilligen. (Eigene Darstellung, unter Verwendung einer Tabelle der Diakonie Württemberg 2016)

Berufliche soziale Arbeit	Freiwilliges soziales Engagement
Vertrag: Angestellten-/Dienstverhältnis	Absprachen, ggf. schriftliche Vereinbarungen
Gehalt inklusive Sozialversicherungsbeiträge	Unentgeltlich, ggf. Auslagenerstattung/Aufwandsentschädigung
Verbindliche Stellen-, Aufgabenbeschreibungen	Freiwillige Selbstverpflichtung
Weisungsgebunden hinsichtlich Ort, Zeit und Inhalt der Tätigkeit	Grundsätzlich nicht weisungsgebunden, Vereinbarungen von individuell gestaltbarem Zeitumfang
Dienstrechtliche Regelungen in Bezug auf Urlaub, Lohnfortzahlung bei Krankheit usw.	Es gibt keine dienstrechtlichen Regelungen
Sind der Organisation und ihren Zielen verpflichtet	Sind dem Engagement und den damit verbundenen Menschen verpflichtet
Der zeitliche Aufwand zur Erledigung von Aufgaben folgt einer Kosten-Nutzen-Überlegung	Die aufgewendete Zeit ist nicht von Kosten bestimmt, sondern von Interesse
Der Kontakt zu Klienten ist von professioneller Distanz bestimmt und beschränkt sich auf festgelegte Aufgaben	Der Kontakt zu Klienten ist von Nähe bestimmt und folgt dem Gefühl. Dadurch können zusätzliche Angebote und Kontakte entstehen
Haben sich in der Regel den kulturellen Merkmalen ihrer Organisation angepasst (in Kleidung, Sprache, Umgang etc.)	Tragen in der Regel die unterschiedlichen kulturellen Merkmale ihrer Herkünfte in die Organisation
Reflexion der helfenden Beziehung	Bringen sich persönlich und ungefiltert ein
Erschließen von Ressourcen formeller Unterstützungssysteme (z. B. bei Wohnungs- und Arbeitssuche)	Mobilisierung privater Netzwerke (Freunde und Bekannte anrufen)
Berufen sich auf Regeln und gesetzliche Vorgaben	Berufen sich auf einen menschlichen Umgang mit den Betreuten

Aber in kaum einer Organisation hat sich dadurch der Status der Freiwilligen verändert. Es gibt keine konsequente Erfassung der Kontakte, der Fähigkeiten und der Erfahrungen der Freiwilligen. Es gibt kaum Mitbestimmungsstrukturen, es fehlen weitgehend Leitlinien für das Ehrenamt. Das ist nicht einzelnen Professionellen anzulasten, sondern der Struktur der Träger. Das freiwillige Engagement bei den Trägern der Notunterkünfte und Übergangswohnheime müsste Chefsache sein, und zwar deshalb, weil die Träger eine Form der Zusammenarbeit von Professionellen und Freiwilligen entwickeln müssen, in der die Freiwilligen eine andere Rolle innehaben als die der Ersatzspieler. Die Niederländer nutzen für die Rolle der Organisationsmitglieder im Kontakt mit den Freiwilligen das englische Wort „Facilitator" (Ermöglicher).

Die Freiwilligen brauchen in der Organisation

- Mitspracherechte
- Autonomie und Gestaltungsspielräume
- Zeitsouveränität
- soziale Netzwerke
- Wertschätzung und Einbettung ihrer Erfahrungen in das alltägliche Handeln.

8

Wer gewinnt?

In einer Supervisionsgruppe ist die Präsidentin eines Wohlfahrtvereins. (Wie vielfältig können ehrenamtliche Gruppenzusammensetzungen sein!) Sie hat ca. acht ihrer Mitglieder an einem Wochenende zu einem Engagementtag in der benachbarten Norunterkunft für geflüchtete Menschen geworben. Die Gruppe wird zuerst bei der Essensausgabe eingesetzt. Auf die Frage der Supervisandin, warum das nicht die Heimbewohner selbst machen, erfährt sie, dass dem Hygienevorschriften entgegenstünden und außerdem gäbe es die Befürchtung, dass die Bewohner ihre Landsleute bevorzugen würden. Die Supervisandin ist empört und lehnt für sich und ihre Gruppe ab, weiter Essen auszuteilen.

Anschließend baut die Gruppe Spielplatzgeräte. Holz und Werkzeug haben sie selbst mitgebracht. Als auch hier die Bewohner, die alle drum herum stehen und zuschauen, aus Versicherungsgründen nicht mitmachen dürfen, platzt der Supervisandin der Kragen. „Ich bin hier die Präsidentin", ruft sie, „und ich ordne jetzt an, dass alle, die mitmachen wollen, hier mitbauen". Die hauptamtlichen Mitarbeiter ziehen sich verärgert zurück. Von da an bauen alle konstruktiv zusammen.

Jede Gruppe bildet für sich ein Machtzentrum, das in gewissem Maße Eigeninteressen entwickelt und verfolgt und dadurch Spannungen produziert. Spannungen und Konflikte sind systemimmanent und nicht negativ, denn wenn sie benannt und ausgetragen werden, setzen sie Dynamik, Erneuerung oder Kompromisse frei.

Methodenbox

Unter den Teppich gekehrt
Ausgangssituation (z. B.): nicht ausgesprochene, schwelende Konflikte in einer Gruppe oder einem Team.
Ziel: Konflikte aus dem Dunkel ans Licht zu holen und diskutierbar zu machen.
Ablauf: Ein Tuch in die Mitte legen, jede Teilnehmerin schreibt auf Karten Unstimmigkeiten, Konflikte, „Leichen im Keller", die sie spürt, von denen sie nur Gerüchte kennt usw. und legt sie unter das Tuch. Nach ausreichend Zeit zum Nachdenken und Nachspüren wird eine Karte nach der anderen unter dem Teppich hervor ans Licht geholt und das Thema behandelt.

Anknüpfend an das Beispiel oben wünsche ich mir: Wir brauchen mehr solche Präsidentinnen, und zwar überall: auf der Seite der Freiwilligen, auf der Seite der Hauptamtlichen, unter den geflüchteten Menschen und auch aufseiten der Supervisorinnen – Menschen, die eine eindeutige Haltung haben, bereit sind, sich auseinanderzusetzen und entschieden zu handeln.

8.3 Konfliktdynamik

Neben dem virulenten Beispiel unter ▶ Abschn. 8.2 gibt es leisere Arten von Konflikten, denen unterschiedliche Vorstellungen und Motivationen von Haupt- und Ehrenamtlichen zugrunde liegen. Und wie im obigen Beispiel werden sie nicht miteinander diskutiert, sondern es wird übereinander geredet. Die Beziehungen zwischen den beiden Gruppierungen sind geprägt von einer Dynamik, die aus den unter ▶ Abschn. 8.2 aufgelisteten, unterschiedlichen Status zu erklären ist. Professionelle und Ehrenamtliche trauen sich oft nicht, sich gegenseitig konkretes Feedback zu geben. Die Hauptamtlichen scheuen sich, klare Richtlinien und Erwartungen zu benennen, die Ehrenamtlichen, Wünsche und Ärger zu äußern. Was macht dies so schwierig?

Zur psychosozialen Dynamik zwischen Freiwilligen und Hauptamtlichen möchte ich drei Aspekte benennen:

1. **Dankbarkeit und Schuld**
   Die Hauptberuflichen sind dankbar oder fühlen eine moralische Verpflichtung zur Dankbarkeit für das Engagement der Freiwilligen. Dass sie selbst im Gegensatz zu den Freiwilligen für ihre Tätigkeit bezahlt werden, kann Schuldgefühle auslösen. Die Freiwilligen dagegen sind dankbar, wenn sie eine für sich passende Tätigkeit gefunden haben, gestehen sich aber oft den eigenen Gewinn durch das Engagement nicht ein, sondern demonstrieren ausschließlich ihre Hilfs- und Opferbereitschaft für andere. Der versteckte Gewinn löst dann ebenfalls Schuldgefühle aus.

2. **Macht und Ohnmacht**
   Die Hauptberuflichen haben die Entscheidungsmacht und die Macht über den Einsatz und die Gestaltungsfreiheit der Freiwilligen. Die Freiwilligen setzen dagegen ihre Macht „der zwei Füße", sie können gehen, wenn es ihnen nicht passt, sie haben keinen bindenden Vertrag. Auf beiden Seiten führt die Macht des anderen zu eigenen Ohnmachtsgefühlen.
3. **Angst und Abwehr**
   Die Kultur der Organisation ist für die Hauptberuflichen etwas Vertrautes, sie haben sie sich zu eigen gemacht. Freiwillige bringen ihre eigene, also eine fremde Kultur, in die Organisation. Auf diese reagieren die Hauptberuflichen mit Angst und Abwehr und lassen die Freiwilligen nicht zu nah an sich heran. Sie schützen ihr Terrain und machen sich größer, als sie sich eigentlich fühlen. Die Freiwilligen kommen in eine ihnen fremde Kultur, sie haben nichts zum Festhalten, keinen Status, keine Schlüssel, keinen Schreibtisch … Das erzeugt Unsicherheit und Angst, und die Folge ist entweder ein Sichaufplustern oder ein Sichkleinmachen.

Diese mögliche Dynamik – falls die Beteiligten nicht einen bewussten Umgang damit finden – kann zu Verlust- und Abwehrgefühlen führen, die sich als Scheu vor jeder Art von Auseinandersetzung äußern (vgl. Witte 2007, S. 138). Nicht die Konflikte sind ein Problem, sondern der ungeübte Umgang damit und die geringe Bereitschaft oder Fähigkeit, sich in den anderen einzufühlen und dessen Beweggründe zu erforschen. In Supervision und Beratung ist eine außerordentlich hilfreiche Technik der Rollentausch oder Perspektivenwechsel. Es ist immer erstaunlich, welchen Erkenntnisgewinn es für die Beteiligten bringt, wenn sie einmal die Rolle des Gegenübers einnehmen.

Gut zu wissen: Technik des Perspektivenwechsels
Er ist eines meiner wichtigsten und nützlichsten supervisorischen Instrumente bei meiner Beratungsarbeit: Der Perspektivenwechsel. Das Psychodrama bietet eine optimale und in der Beratung unentbehrliche Technik an, um Rollenbeweglichkeit zu entwickeln und um in ihrem Fluss behinderte Beziehungen zu sich selbst und zu anderen wieder flüssig zu machen und kreativ zu erweitern: Rollentausch und Rollenwechsel.
Die Supervisandin versetzt sich in die Rolle eines anderen und versucht, wie dieser zu fühlen und wahrzunehmen. Hilfreich dabei ist, den eigenen Stuhl zu verlassen und sich auch körperlich in die andere Rolle zu begeben, in der sie von der Beraterin interviewt wird. Wenn sie dann in ihre eigene Rolle zurückkehrt, ist es nicht mehr wie vorher. Der Blick aus der Fremde auf sich selbst verändert die Selbstwahrnehmung. Das Gewohnte verrückt sich ein Stück. Das kann, neben vielen anderen Gefühlen, Angst und Neugier auslösen. Lässt der Supervisand sich auf einen Rollenwechsel ein, so kann er nicht sicher sein, sich in seiner Rolle anschließend wieder ganz zu Hause zu fühlen. Oder er nimmt die

Gelegenheit wahr, aus der zu eng gewordenen Rolle auszusteigen und eine ganz neue anzuprobieren, um den „Handlungshunger" (Moreno 1973) zu stillen.
Der Rollentausch eröffnet die Möglichkeit zum Perspektivenwechsel. Und dieser leitet einen Prozess des Verstehens ein: den anderen verstehen, sich selbst aus einer anderen Rolle zu sehen und neu zu verstehen (vergl. Witte 2003, S. 150).
Sei es der Rollenwechsel eines Hauptamtlichen mit einem Ehrenamtlichen, mit einem geflüchteten Menschen, mit einem Jugendamtsmitarbeiter oder auch mit sich selbst (sich selbst aus der Entfernung betrachten, von einem anderen Ort oder Zeitpunkt), der Wechsel der Perspektive bereichert jeden – wenn er sich bereichern lassen will.
Die Supervisorin oder Beraterin führt dabei Regie. Sie führt in den Rollenwechsel ein, indem sie die Protagonistin (A) in der eingewechselten Rolle (B) etwas über sich sagen lässt (ich bin …, habe folgende Eigenschaften …) und anschließend macht sie ein Direktinterview mit B oder sie fordert B auf, einer nahestehenden Person etwas über den Konflikt, die Beziehung zu A …, zu erzählen. Nach Beenden des Rollenwechsels ist es wichtig, dass B wieder zu A wird und sich „entrollt", d. h. die Rolle B von sich abstreift.

Ein erfrischendes Beispiel für den Blick aus zwei unterschiedlichen Perspektiven auf dasselbe Ereignis habe ich bei Brecht und Karsunke gefunden:

» **Radwechsel**
Ich sitze am Straßenhang.
Der Fahrer wechselt das Rad
Ich bin nicht gern, wo ich herkomme.
Ich bin nicht gern, wo ich hinfahre.
Warum sehe ich den Radwechsel
Mit Ungeduld?

Bertolt Brecht (1988)

» **Matti wechselt das Rad**
während ich den reifen abmontiere
haut sich der chef auf die wiese,
sieht dauernd rüber.
als fahrer verwartest du stunden, warum
wird er nervös, wenn er einmal
auf mich warten muss?
wenn die panne ihn zu viel zeit kostet:
er kann mir ja helfen.

Yaak Karsunke (1969)

8.4 Mit Respekt und Neugier einen fremden Raum betreten

Ich will dieses Kapitel nicht mit Konflikten abschließen, sondern mit Hinweisen für einen förderlichen Rahmen der Zusammenarbeit.

Ein sozialer Konflikt ist eine Spannungssituation, in der mindestens zwei Menschen oder Gruppen, die zueinander in einer Abhängigkeit stehen, solche Unvereinbarkeiten im Denken, Fühlen, Wahrnehmen oder Wollen haben, dass ihr Handeln davon beeinträchtigt wird (nach Glasl 2011).

Derartige Unvereinbarkeiten und Unzufriedenheiten hat es im Rahmen des Engagements für Geflüchtete viele gegeben. Viele Freiwillige sagen, es sei nicht das Engagement für die geflüchteten Menschen, das anstrengend ist, sondern die Zusammenarbeit mit den Organisationen. Sie fühlen sich von den Organisationen häufig nicht gesehen und nicht unterstützt. Das mag auch daran liegen, dass die Dynamik so rasant war in den letzten zwei Jahren. So viele neue Einrichtungen, so viele neue Freiwillige auf einen Schlag. Dabei sind die Standards für eine gute Zusammenarbeit oft aus dem Blick geraten. Aber gerade weil es viel Unzufriedenheit gab und gibt, ist es gut, diesen Standards erneut Aufmerksamkeit zu schenken.

Es sind fünf Themenbereiche, auf die in Organisationen zu achten ist, um den Einstieg, die Begleitung und den Abschied von Freiwilligen gut zu gestalten:

1. **Schaffen von Rahmenbedingungen** für Freiwillige in der Organisation:
   Dazu gehört ein Konzept für Freiwilligenarbeit und die Arbeit an der Überzeugung der Organisationsmitglieder, dass Freiwillige eine unterstützenswerte Bereicherung für die Organisation sind – dem längst nicht alle Kollegen zustimmen.
2. **Das Akquirieren von Freiwilligen:**
   Dazu gehört die realistische Darstellung der Organisation, die deutliche Vermittlung, wer mit welchen Fähigkeiten gesucht wird, Ermöglichen von Hospitation, Führen von Vorstellungsgesprächen, der Abgleich des Bedarfs der Organisation mit den Wünschen und Fähigkeiten der Freiwilligen.
3. **Die Einführung:**
   Dazu gehört, dass die Organisationsmitglieder und die Freiwilligen sich gegenseitig kennenlernen, Information über und Einarbeiten in das Aufgabenfeld, Diskussion der Beteiligungsstrukturen, Erwartungen der Organisation an die Freiwilligen, Klärung der Beteiligung an Treffen der Freiwilligen.
4. **Die Begleitung:**
   Dazu gehört, regelmäßiges Feedback zu geben, eine Ansprechpartnerin zu benennen, regelmäßige Treffen – fachlich und sozial – zu begleiten, Anerkennungsformen zu entwickeln.
5. **Der Abschied:**
   Dazu gehört, zu Anfang über Abschied und mögliche Gründe für Abschied gesprochen zu haben, Abschlussgespräche zu führen, Wiederkommen zu ermöglichen.

- **Neun Merksätze, das sind neun Türen, die zu einer guten Zusammenarbeit führen**

- Auch wenn Freiwillige „frei-willig" da sind, ist es erlaubt und geboten, kritische Rückmeldung zu geben. Vereinbarte Kriterien für Feedback nehmen die Angst, sie zu geben und anzunehmen.
- Freiwillige und Hauptamtliche sollten sich immer mal wieder fragen: Ist das Geben und Nehmen noch in Balance?
- Es sollte zu Anfang besprochen werden, dass ca. 30 % der Engagementzeit für Koordination, Austauschtreffen und Reflexion vorgesehen sind. Das macht es für beide Seiten leichter, die notwendigen Austauschtreffen als etwas Selbstverständliches zu nehmen (zur Koordinierung der Engagements und zur Reflexion der inhaltlichen Arbeit). Was wünschen sich alle von den Austauschtreffen, damit sie zu einer Veranstaltung werden, die man gerne wahrnimmt?
- Entscheidungswege öffentlich mache: Welche Entscheidungen werden von oben nach unten getroffen, welche von unten nach oben? Wo ist Mitbestimmung möglich? Oft erwarten die Freiwilligen mehr Mitspracherechte, als möglich ist.
- Anerkennung ist nicht gleich Anerkennung. Wodurch drückt sich echte Wertschätzung aus? Das Thema sollte aus der Vermutungskiste herausgeholt und gemeinsam diskutiert werden. Weg mit den Anerkennungsveranstaltungen, die durchgeführt werden, weil es sie immer schon gab. Z. B. empfinden viele Freiwillige ehrliche Rückmeldung als die höchste Anerkennung („Ich werde gesehen in dem, was ich hier tue!")
- Keine Angst vor Dissonanz. Mut zu Auseinandersetzungen, das entfacht erloschene, reinigende Feuer aufs Neue. Um bei Konfliktklärungen zu tragfähigen Ergebnissen zu kommen, ist darauf zu achten, dass die Lösung „smart" ist: situationsangemessen, messbar, attraktiv, realistisch und terminiert (Böhmer und Klappenbach 2007, S. 87).
- Oder, wie Christoph Besemer für die Mediation empfiehlt:
  effizient (Verhältnis von Kosten und Nutzen berücksichtigen), fair (für alle Beteiligten), realistisch (vernünftig und sachgerecht) und stabil (überprüfbar und beziehungserhaltend). (Besemer 2001)
- Zuständig für die Freiwilligen sollte immer eine Hauptamtliche sein. Sie ist die Mittlerin zwischen Leitung, Freiwilligen und Organisationsmitgliedern.
- Das schwierige Thema Abschied: Darf eine Mitarbeiterin der Freiwilligen sagen, dass diese die Aufgabe nicht mehr zufriedenstellend erledigt, wo sie doch freiwillig da ist? Darf eine Freiwillige ihr Engagement beenden, auch wenn es in der Organisation viel zu wenig Freiwillige gibt? JA! Beide dürfen und müssen sogar, wenn es der Situation angemessen ist.
- Sich der unterschiedlichen Kulturen, die zusammentreffen, bewusst sein. Die Freiwilligen kommen aus einer Kultur (ihren eigenen Arbeitszusammenhängen)

in eine ihnen fremde Kultur (die der Organisation) und die Organisationsmitglieder haben diese „Fremden“ in ihre Kultur zu integrieren. Da ist es hilfreich, einen Perspektivenwechsel zu machen, aus der Sicht der Organisation einmal auf die Freiwilligen zu schauen und umgekehrt.

Methodenbox

Der ethnologische Blick
Ausgangssituation (z. B.): Vorbereitung auf die Akquise von Freiwilligen.
Ziel: Realistischer Blick auf die eigene Organisation.
Ablauf: Nehmen Sie sich als Team einmal Zeit – zuerst jede für sich – in Gedanken durch Ihre Institution zu wandern, angefangen bei der Eingangstür. Nehmen Sie einen ethnologischen Blick ein (d. h. Wahrnehmen ohne Bewertung) und registrieren Sie: Was strahlen die Räume aus, was gibt es für Alltagsmerkmale, wie bewegen sich die Mitglieder der Organisation, wie sprechen und agieren sie, wie kleiden sie sich, welche Gegenstände sind typisch, welche Organisationskultur begegnet Ihnen etc.?
In einem zweiten Schritt stellen Sie sich bitte Fremde/Freiwillige in diesen Räumen vor: Was zeigen sie gerne, was verschweigen und verstecken sie lieber?
Anschließend Austausch darüber im Team. Diese Übung ist eine Erfahrung mit reichhaltiger Ernte für die Integration von Freiwilligen, neuen Mitarbeitenden usw.

8

Literatur

Besemer, C. (2001). *Mediation. Gewaltfrei Leben Lernen.*

Böhmer, A., & Klappenbach, D. (2007). *Mit Humor und Eleganz. Paderborn: Junfermann.*

Brecht, B. (1988). *Werke, Band 12, Gedichte Band 2 (S. 310). Frankfurt: Suhrkamp.*

Busche, D. (2016). Das Engagement ist nach wie vor da. Aber die Profis müssen sich umstellen. In: Ansichtssachen. http://www.runder-tisch-borgfeld.de. Zugegriffen am 20.8.2016.

Diakonie Württemberg (2016). *Geld und Ehre? Eine Arbeitshilfe zu Aufwandsentschädigungen und Vergütungen im Freiwilligen Engagement. Stuttgart: Diakonie Württemberg.*

Glasl, F. (2011). *Konfliktmanagement. Stuttgart: Freies Geistesleben, Urachhaus.*

Karsunke, & Yaak (1969). *Reden und Ausreden. Gedichte. Berlin: Wagenbach.*

Moreno, J. L. (1973). *Gruppenpsychotherapie und Psychodrama. Stuttgart: Thieme.*

Witte, K. (2003): Und die Wand wird zum Spiegel. Bedingungen für gelingenden Rollentausch. In *Zeitschrift für Psychodrama und Soziometrie 1/2003 Leverkusen: Leske und Budrich.*

Witte, K. (2007). Freiwillige in Organisationen – störend oder bereichernd? In *Organisation, Supervision, Coaching 2/2007. Wiesbaden: Verlag für Sozialwissenschaften.*

Witte, K. (2010). Konflikte sind keine einfachen Freunde, aber man sollte sie sich nicht zu Feinden machen. In *Newsletter: Wegweiser Bürgergesellschaft 10. Bonn: Stiftung Mitarbeit.*

Ambivalenzen im Umgang mit kultureller Differenz

K. Witte, *„Versteh mich nicht zu schnell" – Achtsames Arbeiten mit geflüchteten Menschen*,
DOI 10.1007/978-3-658-17041-7_9

Zusammenfassung
Dieses Kapitel beschäftigt sich mit dem inflationär gebrauchten Begriff der Kultur. Als Kultur bezeichnen wir die Lebensweisen und Deutungsmuster einer Gruppe/Gesellschaft. Wir sprechen von unserer Kultur, aber jede Kultur ist von vielfältigen fremden Einflüssen durchdrungen und hat diese assimiliert. Wir tragen sie in uns und sie leiten uns, ohne dass wir uns ihrer unbedingt bewusst sind. Aufgabe unserer derzeitigen Gesellschaft mit ihren Integrationsbemühungen und -anforderungen für die geflüchteten Menschen ist es, Kulturen und ihre Werte nicht als etwas Statisches, sondern als etwas Veränderbares zu begreifen und zu leben. Das erfordert Kultursensibilität, d. h. wir müssen uns unserer eigenen kulturellen Prägungen bewusst sein und gleichzeitig andere kulturelle Lebensweisen wahrnehmen und ihnen offen begegnen. Die Entwicklung und Qualität unseres Umgangs mit Kulturen werden an den drei Begriffen Multikultur, Interkultur und Transkultur erläutert.

Einhäufig geäußerter Satz von Hauptamtlichen und Freiwilligen ist, sie wünschten sich einen Dank für das, was sie für die Geflüchteten machen. Da möchten sich diese doch bitte der europäischen Kultur anpassen. Und es wird dabei unhinterfragt vorausgesetzt, dass das „Danke" eine anzustrebende Kulturgeste ist. Dagegen sagt die in Frankreich lebende, in Mali geborene Sängerin Fatoumata Diawara: „... Trotzdem habe ich mich im europäischen Exil immer wieder nach Mali zurückgesehnt. In Frankreich muss man sich für alles bedanken: merci, merci, merci. In Mali ist das anders: Man gibt um des Gebens willen. Die afrikanische Großzügigkeit inspiriert mich bis heute." (aus dem Film „Mali Blues"). Wir hören das und kommen vielleicht ins Grübeln mit unserem Wunsch nach dem selbstverständlichen Dank, auch wenn wir ihn weiterhin schätzen.

9.1 Was ist Kultur und welche Bedeutung hat sie heute?

Wenn ein Begriff – so wie es zurzeit mit dem Kulturbegriff geschieht – inflationär gebraucht wird, lohnt es sich, den Begriff von mehreren Seiten zu betrachten.

Cicero übertrug das lateinische Wort „cultura" (ursprünglich Pflege, Ackerbau, also Agrikultur) auf die Pflege des Geistes, und zwar sowohl in Bezug auf die Entwicklung des Individuums als auch in Bezug auf Epochen. In Deutschland gibt es den Begriff seit Ende des 17. Jahrhunderts und er bezeichnete sowohl die Pflege des Bodens als auch die des Geistes, „die Erziehung zum geselligen Leben, zur Kenntnis der freien Künste und des ehrbaren Lebens" (Pufendorf, zit. in: Takeda 2012, S. 52). Heute bezeichnen wir als Kultur alles von Menschen Geschaffene und Gestaltete, alle Gewohnheiten, die Summe menschlicher Lebensäußerungen. „Eine Kultur enthält die ‚Landkarten der Bedeutung', welche die Dinge für ihre Mitglieder verstehbar machen. Diese Landkarten trägt man nicht einfach im Kopf mit sich herum: Sie sind in den Formen der gesellschaftlichen Organisation objektiviert, durch die das Individuum zu einem gesellschaftlichen Individuum wird." (Kalpaka und Mecheril 2010, S. 95).

Anpassung erwünscht

In einem Theaterprojekt mit geflüchteten minderjährigen Jugendlichen aus verschiedenen Herkunftsländern erlebte ich, dass zu jedem Treffen neue Jugendliche dazukamen, andere wegblieben. Einerseits hinderte mich mein deutsches Verständnis: „Zu einer Gruppe meldet man sich zu Anfang an und bleibt dann dabei" daran, den nachkommenden Jugendlichen mit derselben Offenheit zu begegnen, wie sie die ersten erfahren hatten. Zum anderen beobachtete ich bei mir eine Unlust (oder Unfähigkeit), mir ihre Namen und afrikanischen Herkunftsländer zu merken, irgendetwas in mir wollte sie nicht annehmen. Zuerst tat ich es damit ab, ich könne mir nicht so viele Namen merken. Aber das Phänomen beschäftigte mich weiter und später hatte ich die beschämende Vermutung, dass dieses Verhalten von Beliebigkeit nicht in mein Kulturschema passte und ich die Jugendlichen durch das Vergessen ihrer Namen möglicherweise bestrafen wollte. Unabhängig von dieser Vermutung bestand ich aber auf Verbindlichkeit.

Wir sprechen von „unserer Kultur", an die sich die Geflüchteten bitte anpassen mögen. Was ist „unsere" Kultur? Es gibt keine „reinen" Kulturen. Die europäische Kultur war immer fremden Einflüssen ausgesetzt und hat diese assimiliert. Durch Jahrhunderte hat sie sich immer wieder verändert, entsprechend dem Selbstverständnis und dem Zeitgeist einer Epoche und dem Herrschaftsanspruch bestimmter Klassen. In manche Kulturen werden wir hineingeboren, manche eignen wir uns an.

So schnell ändert sich Kultur

Vor einiger Zeit saß ich in der Wohngemeinschaft meines Mündels mit den Jugendlichen unterschiedlicher Herkunftsländer zusammen. Als die Sprache auf ihre landestypischen Gerichte kam, fragte ich sie: „Was sind für euch denn typisch deutsche Gerichte?" Antwort: „Spaghetti, Pizza und Burger."

Und sie haben recht! Diese Gerichte sind Teil deutscher Kultur geworden und ein Beispiel dafür, wie sich Kultur und Kulturstandards mit der Zeit wandeln. Demnach lässt sich Folgendes zusammenfassend festhalten:

» *Kulturen sind*
- nicht statisch, sondern in Bewegung, also veränderbar
- nicht einheitlich, sondern zusammengesetzt
- nicht eindeutig, sondern mehrdeutig und widersprüchlich

(Arbeitskreis Interkulturelles Lernen 2001, S. B7).

Methodenbox

Dekonstruktion von Glaubenssätzen
Ausgangssituation (z. B.): Beginn einer Auseinandersetzung mit Fremdem.
Ziel: Aufdecken und kritische Reflexion von unhinterfragten Glaubenssätzen.
Ablauf: Alle Teilnehmerinnen schreiben auf Karten (anonym) Sätze zum Umgang mit Fremdem, die ihnen im Leben begegnet sind (vorwiegend wahrscheinlich aus der Kinder- und Jugendzeit), Redewendungen, Spiele, Warnungen, Elternsätze etc. Die Karten werden in einen Kasten geworfen und nacheinander herausgeholt, vorgelesen, sortiert (wo häuft es sich?) und unter dem Blickwinkel reflektiert, inwieweit sie heute Einfluss auf Einstellung und Verhalten der Teilnehmerinnen haben. Bedeutung und Bedeutsamkeit von Kultur

Bedeutung und Bedeutsamkeit von Kultur

Kultur ist ein Teil von Heimat. Es ist die Art und Weise, wie Menschen ihrem Leben einen Sinn geben. Kulturelle Sitten in die Fremde mitzunehmen, bedeutet, sich in der Fremde eine Verbindung zur Heimat zu erhalten, und das ist das Gerüst für das eigene Identitätsempfinden in der Migration. Die Preisgabe der Heimatkultur kann Verrat gleichen. Um sich in der Fremde mit einer fremden Kultur auseinanderzusetzen, eine neue Sprache zu erlernen, anderes Beziehungshandeln anzunehmen, andere Rituale zu erlernen, andere Werte zu akzeptieren, muss ein Widerstand überwunden und ein Risiko eingegangen werden. Bin ich, wenn ich das tue, noch in meiner eigenen Kultur akzeptiert? Und wenn ich in die fremde Kultur eintauche, wie wird es mir dann gehen, bin ich dann noch „ich“? Diese Fragen gelten sowohl für die Migranten als auch für uns, wenn wir uns auf fremde Kulturen einlassen.

Der iranische Schriftsteller Bahman Nirumand beschreibt den Prozess der allmählichen Kulturassimilation sehr einleuchtend:

» Es plagte mich die Sehnsucht nach Rückkehr. Um die Hoffnung nicht zu verlieren, versuchte ich, bewusst aber auch unbewusst alles zu vermeiden, was auf Beständigkeit des Exillebens deutete. Ich wusste, dass jede Bindung in der Fremde, jede liebgewordene Gewohnheit meine Hoffnung auf Rückkehr schmälern würde … Doch mein innerer Widerstand, mich auf die neue Lebenslage einzulassen, ließ allmählich nach. Ich begann, mich geistig und kulturell, aber auch emotional mit der neuen Umwelt auseinanderzusetzen, übte Kritik und Selbstkritik und machte die wunderbare Entdeckung, dass diese Auseinandersetzung mir die Chance verlieh, meine eigene Kultur kritisch zu betrachten, ihre Vorzüge aber auch ihre negativen Seiten kennenzulernen. In mir fand ein permanenter Kulturaustausch, ja, ein Kulturkampf statt … Mit jedem Jahr wird der Abstand zwischen Erinnerung und Realität größer (Nirumand 2015, S. 36 f.).

9.2 Bilder und Begriffe für den Umgang zwischen den Kulturen

9.2.1 Multikulturalität

Der Philosoph Wolfgang Welsch hat sich in den 1990er-Jahren kritisch mit den Kulturdefinitionen und ihrer Begrifflichkeit beschäftigt. Dem Begriff der Multikulturalität gibt er das Bild (wie schon andere vor ihm) von Kugeln mit jeweils festen Außenrändern. Bei Begegnung stoßen sie aneinander und lösen sich wieder, aber öffnen und durchdringen sich nicht, bleiben abgegrenzt und isoliert (nach Welsch 1995).

Innerhalb der Kugeln gibt es ein Gebot der Einheitlichkeit, niemand darf Abweichungen zeigen von der eigenen Gruppe. Effekt ist, dass die Einzelkulturen innerhalb ihrer jeweiligen Kugeln ihre Identität stärken. Die fremde Kultur bleibt fremd und soll fremd bleiben. Sie kann ein Sehnsuchtsort für den Urlaub sein, aber die Schwelle der eigenen Haustür soll sie nicht überschreiten. „In keinem Land hat das Konzept der multikulturellen Gesellschaft in der Form funktioniert, dass Kulturen tatsächlich in größter Hochachtung zueinander stehen und miteinander leben. ‚Parallelgesellschaften' sind das größte Problem multikultureller Gesellschaften" (Ates 2007, S. 257). Alle benutzen Begriffe/Kategorien wie Osteuropäer, Südländer, Afrikaner usw. und merken gar nicht, dass dadurch Unterscheidungen polarisiert werden. Der Osteuropäer wird osteuropäischer, der Südländer südländischer, der Afrikaner afrikanischer, und das begrenzt möglicherweise Begegnungen zwischen Kulturen und Gesellschaften. Unterschiede werden dadurch kreiert und verfestigt (siehe ◘ Abb. 9.1).

9.2.2 Interkulturalität

In diesem Modell begegnen die Kulturen sich, schwimmen wie Inseln aufeinander zu, treten in den Dialog, überlappen sich, behalten aber ihr Eigenes bei. Sie nutzen Gemeinsamkeiten, aber entwickeln sich individuell, es gibt klare Grenzen, sie bleiben authentisch, stabil. Es bleibt ein Inseldenken. Wenn wir von Interkultur sprechen, dann denken wir „wir" und „die anderen", die Migranten. Was würde sich verändern, wenn wir den Begriff auch auf deutsche unterschiedliche Milieus anwenden? Ich erinnere daran, wie viel Fremdheit noch viele Jahre nach der Wende in Supervisionsteams zwischen westdeutschen und ostdeutschen Pädagogen zu beobachten war. „Wir" und die „anderen".

Gemeinsame Nutzung aber keine Gemeinsamkeit

Bei mir im Viertel gibt es in einem Kulturzentrum ein Tanzinstitut, in dem von morgens bis abends leicht bekleidete Menschen, hauptsächlich Frauen jeden Alters, Kurse besuchen. Auf derselben Etage hat ein kurdischer Verein seine Räume. Die Nutzerinnen beider Vereine begegnen sich häufig, nutzen denselben Flur und nutzen dieselben sanitären Anlagen. Also, Austausch ist da, wo es Nutzen bringt, aber darüber hinaus bleiben es getrennte Welten.

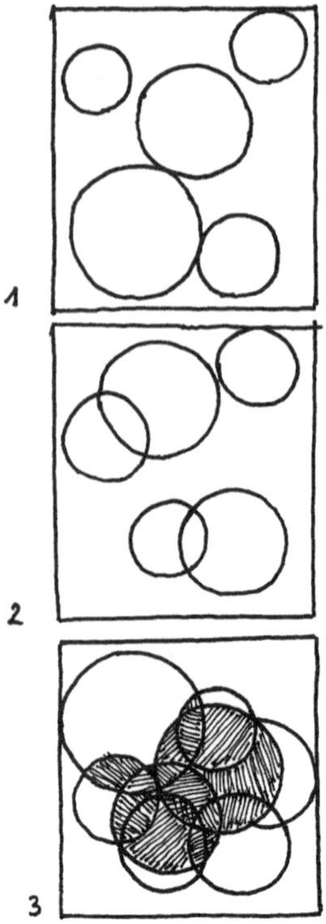

Abb. 9.1 Multikultur – Interkultur – Transkultur. (Eigene Darstellung)

> » Solange Kulturen als Inseln oder Kugeln aufgefasst werden, kann es kein Verschmelzen oder Zusammenwachsen geben, sondern nur Reibungen und Zusammenstöße. Das Konzept der Interkulturalität sucht zwar nach Wegen zu Dialog, Respekt und Toleranz zwischen den Kulturen, aber es bleibt blind vor den eigentlichen Ursachen der interkulturellen Konflikte und Probleme. Denn diese entspringen genau dieser Vorstellung, Kulturen seien wie Inseln oder Kugeln: Isoliert, homogen, monolithisch, geschützt und einzigartig (Takeda 2012, S. 54).

Bei Supervisionen in Kindergärten habe ich vor Jahren die Diskussion erlebt, ob man denn angesichts der hohen Prozentzahl muslimischer Kinder in den Kindergruppen noch Weihnachten feiern dürfe. Diese Angst, nicht politisch korrekt zu handeln, scheint mir ein gestörtes Verhältnis zur eigenen Kultur auszudrücken. Solange Kulturen durch ihre Grenzen definiert werden, haben sie es schwer, sich zu mischen und voneinander zu profitieren.

9.2.3 Transkulturalität

Menschen prägen Kulturen und Kulturen prägen Menschen. Heute schon haben viele Menschen Elemente unterschiedlicher kultureller Herkünfte in sich (durch Migration, Freundschaften, Partnerschaften, längere Auslandsaufenthalte etc.). Sie sind in sich transkulturell, haben „gleichsam subkutan eine kulturelle Vielfalt in sich" (Takeda 2012, S. 59). Migrationsbezüge in der eigenen Biografie gibt es bei jüngeren Menschen in weitaus größerem Ausmaß als bei älteren (EFA Studie 2014). Dadurch können Kulturen sich leichter miteinander verbinden und sich durchdringen. Es gibt keine klaren Grenzen mehr. Aber eine wichtige Grundlage für die transkulturelle Identität ist das Erkennen des Eigenen *und* des Fremden. Aus dem Wahrnehmen und dem Austausch werden fremde Anteile bei sich selbst entdeckt und eigene beim Anderen. Dadurch entsteht etwas Neues. Die Transkulturalität kommt nie zu einem Endpunkt, sie entwickelt sich prozesshaft, hybrid immer weiter. Sie stellt das Produkt der Veränderung des Eigenen durch das Fremde dar – Transkulturalität als ein anzustrebender Reichtum. Naika Foroutan propagiert die Idee, die Orte, wo viele Geflüchtete zusammen leben, und die ja schon transkulturelle Orte sein könnten, so zu unterstützen, zu entwickeln und aufzuwerten, dass sie als Zukunftsorte wahrgenommen werden (Foroutan 2015, S. 287).

Fremdes Land in uns entdecken

In Theaterseminaren mache ich manchmal folgende Übung, die dazu dient, sich der Fremdheit im Vertrauten zu nähern: Die Teilnehmenden sollen einen Stuhl entdecken und untersuchen, sie sollen aber nicht zu wissen, was ein Stuhl ist. So können wir auch vom Blick eines Fremden auf das, was uns heimisch ist, profitieren. Er sieht Dinge, die wir, die damit vertraut sind, nicht sehen können und weitet auf diese Weise unsere Wahrnehmung. Der fremde Blick als Bereicherung unseres Selbst.

Wenn wir uns auf diesen Prozess der Wahrnehmungserweiterung nicht einlassen und der Angst vor dem Unbekannten folgen, werden wir die Grenzen verstärken. Ein chinesisches Sprichwort sagt: „Wenn der Wind der Veränderung weht, bauen die einen Mauern und die anderen Windmühlen."

Aber neben diesen Forderungen nach gegenseitiger Bereicherung und Durchdringung steht die Realität, stehen Berichte von Supervisanden, dass sie Geflüchtete erlebt haben, die schon mehrere Monate in Deutschland sind und außer dem behördlichen Umgang noch keinerlei Kontakt hatten (außer zu Landsleuten), keinerlei Begegnung mit der Mehrheitsgesellschaft, keinerlei sprachliche Verständigungsmöglichkeit.

9.2.4 Statt zwischen den Stühlen zu sitzen, sich einen dritten erobern

Zwischen diesen oben beschriebenen Modellen bewegen wir uns und die Möglichkeiten unserer Bewegungen sind bestimmt von Neugier, Angst, Empathie, Wissen und Lernbereitschaft. Es ist kein leichter Schritt, sich neue Kulturräume zu erobern, und erst einmal werden sie als Bruch mit den eigenen Identifizierungen erlebt. Es ist ein inneres Balancieren zwischen Anpassung und Widerstand. Aber zwischen den beiden Stühlen Anpassung und Widerstand kann es einen dritten Stuhl geben, den der „Hingabe" an das Fremde. (Hingabe ist ein sehr starkes Wort, und es ist eher zu fühlen als zu beschreiben, aber ich wähle es bewusst, denn es verlangt ein Loslassen vom einen oder anderen). Denn dann werden Kontrollmechanismen ein Stück außer Kraft gesetzt, es gibt einen Realitätsverlust, wir gleiten in eine leichte Regression – und sind bereit für etwas Neues. „Wenn das ‚Fremde' als neue und vor allem bereichernde Komponente der eigenen Identität begriffen wird, gelingt eine transkulturelle Identität. Das Leben in verschiedenen Kulturen birgt somit Eigenes, Fremdes und Neues" (Ates 2007, S. 257).

Professionelles Handeln unter den Bedingungen kultureller Vielfalt erfordert, sich dem Nicht-Wissen, dem Nicht-Verstehen zu stellen, auch wenn es verunsichernd ist. Es bedeutet, den Anspruch aufzugeben, den anderen zu verstehen und stattdessen dessen Fremdheit wahrzunehmen und zu akzeptieren. Das bedeutet interkulturelles oder transkulturelles Lernen.

Die transkulturellen Fähigkeiten, die gelernt werden müssen, lassen sich in drei Kompetenzfelder aufschlüsseln. Bei der

- Sachkompetenz geht es um das Wissen eigener und fremder kultureller Werte und deren jeweiliger Relativität;
- die Sozialkompetenz beinhaltet die Fähigkeit, Konflikte und Widersprüche kulturadäquat austragen zu können und
- die Selbstkompetenz ist die Selbstkenntnis, von welchen kulturellen Werten das eigene Denken und Handeln beeinflusst wird (nach Kiel 1996).

Methodenbox

Kulturelle Differenzen (nach Trainings- und Methodenhandbuch DWW 2001)
Ausgangssituation (z. B.): Auseinandersetzung mit Kulturdifferenzen.
Ziel: Differenzierte Wahrnehmung von Gemeinsamkeiten und Unterschieden.
Ablauf: In die Felder des in ◘ Abb. 9.2 dargestellten Dreiecks trägt jede Teilnehmerin individuell Beispiele ein.
zu ICH: Was habe nur ich und niemand sonst? – biografische, körperliche, soziale Aspekte, Zeichen meiner Einzigartigkeit, meiner Persönlichkeit usw.

Abb. 9.2 Ich – viele – alle. (Eigene Darstellung)

zu VIELE: Was habe ich mit vielen gemeinsam? – z. B. Alter, Geschlecht, Religion, Beruf, Familie, Normen, Werte, Rituale usw.
zu ALLE: Was habe ich mit allen Menschen gemeinsam? – Grundbedürfnisse, Geburt, Tod, Hoffnung, Wut, Hunger usw.
Anschließend Austausch in Kleingruppen zur Bedeutung der einzelnen Kategorien für den Umgang mit kulturellen Differenzen.

Ich stelle mir die Frage, ob wir Kultur heute überhaupt schon als etwas Offenes denken können. Als einen Kulturraum, in dem es kein „Innen" und „Außen" gibt, einen Raum jenseits der Gegensätze von Eigen- und Fremdkultur?

» Die neuen Möglichkeiten, die Kulturräume der Anderen werden also im doppelten Sinne bedeutsam: Sie sind verführerisch, aber auch bedrohlich, weil beschämend, kränkend und verletzend. Neue Beziehungsmuster, Rituale und kulturelle Sublimierungsräume müssen innerpsychisch entsprechend angepasst und das affektive Erleben dazu bewältigt werden (Kühn und Reinfelder 2016, S. 80).

Und schließlich müssen die Fähigkeiten, sich in unterschiedlichen Kulturräumen zu bewegen und diese zu vernetzen, erweitert werden vom Persönlichen zum Bewältigen auf der globalen Ebene:

» Globalisierung und Migration sind zwei Seiten einer Medaille. Zu akzeptieren, dass die Begegnung mit fremden Kulturen auch die Chance auf die Herausbildung neuer weltgesellschaftlicher Verhältnisse bedeutet, stellt wohl die größte Herausforderung dar, der sich Nationalstaaten heute stellen müssen (Thomas Gebauer 2016, Geschäftsführer medico international).

Sich verstören zu lassen durch fremdes kulturelles Verhalten kann auch bereichernd sein, siehe folgendes Beispiel:

Neue Leichtigkeit
Über mehrere Jahre habe ich Teile von Psychodramaausbildungen in Russland geleitet. Ich kam mit der Erfahrung aus Deutschland, dass es ein absolutes No-Go ist, bei psychodramatischen Szenen in das Bühnenspiel vom Zuschauerraum aus einzugreifen, und dass die volle Aufmerksamkeit der Gruppe dem Protagonistenspiel gehört. In Russland wurde ich bei allen Gruppen damit konfrontiert, dass die Zuschauenden immer wieder emotional ins Spiel eingriffen und sich außerdem mit allem Möglichen währenddessen beschäftigten (sie lasen in Zeitschriften, spielten mit Gegenständen oder schliefen …). Mein zu Anfang wortgewaltiger Ärger darüber wandelte sich in Nachdenklichkeit, als ich feststellte, dass die Sharings und Rollenfeedbacks trotz der Ablenkungen von einer großen Emotionalität, Tiefe und Selbsterkenntnis waren und dass die Protagonistinnen die von mir empfundene Unaufmerksamkeit nicht als Unaufmerksamkeit wahrnahmen. „An welchen Regeln halte ich mich fest und warum?", fragte ich mich und bin mit einer neuen Leichtigkeit des Zulassens und Einbindens der Gruppe bei psychodramatischen Bühnenszenen jetzt auch in Deutschland unterwegs.

Es gibt in diesem Zusammenhang drei wichtige Qualitäten, die ich auch in der Supervision immer mitschwingen lasse. Diese sind:

- **Kultursensibilität:** Die Wahrnehmung der eigenen kulturellen Prägung und gleichwertige Akzeptanz der anderen Lebensweisen. Herausfinden von Ähnlichkeiten und Differenzen.
- **Vorurteilsbewusstheit:** Die Utopie einer Vorurteilslosigkeit ablegen, denn sie birgt die Gefahr, entstehende Vorurteile zu ignorieren und dadurch zu festigen. Dauerhafte Aufgabe ist, sich der Vorurteile bewusst zu sein.
- **Diversitätsbewusstheit:** Bewusstheit über soziale Unterschiede und ihre gesellschaftlichen Bedeutungen im Rahmen von Macht/Ohnmacht und Begünstigungen/Benachteiligungen. Dies geschieht aufgrund von Geschlecht, Hautfarbe, Alter, Herkunft, Sprache, Religion, sexueller Orientierung …

Methodenbox

Stern unterschiedlicher kultureller Verständnisse
Ausgangssituation (z. B.): Beginn einer Auseinandersetzung mit Kulturdifferenzen.
Ziel: Sensibilisierung und Bewusstheit trainieren.
Ablauf: An die Endpunkte der vier sich kreuzenden Linien in ◘ Abb. 9.3 werden jeweils entgegengesetzte Verhalten geschrieben (hier: direkte oder indirekte Kommunikation; Individualismus oder Kollektivismus; demokratisches oder autoritäres Verständnis; monochromes oder polychromes Zeitverständnis). Wissend, dass es beide Extreme jeweils gibt, schätzen die Gruppenteilnehmer ihre persönliche Zuordnung zu jedem Begriff ein und kleben einen Punkt auf die Skala. Es ist jedes Mal sehr

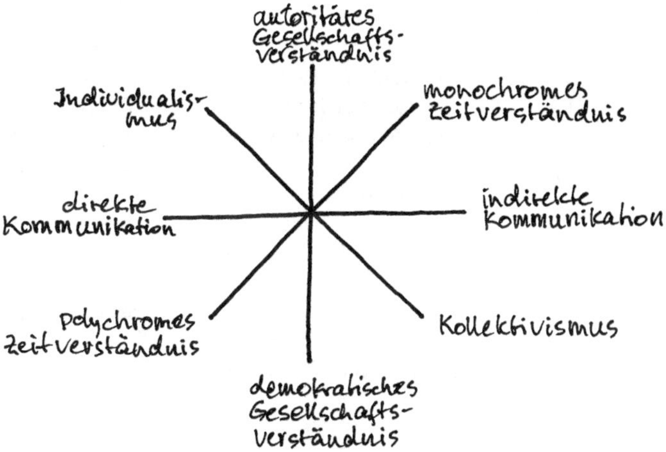

Abb. 9.3 Stern des kulturellen Verständnisses. (Aus einer Fortbildung mit Sonja Spoede am 10.12.2015 in Bremen, eigene Darstellung)

erhellend, wie eindeutig das nordeuropäische Verständnis ist und wie schnell wir dabei sind, unser Verständnis als das allgemein zu erwartende zu bezeichnen. Das Entscheidende in der Reflexion dazu ist, sich das eigene Verhalten aus einer anderen Perspektive anzuschauen und nicht in Richtig- oder Falsch-Kategorien zu denken. Dieselbe Übung lässt sich auch mit den unterschiedlichen Verständnissen von Gefühlen, Begrüßungsritualen, Sexualität, Umgang der Geschlechter miteinander, Essgewohnheiten usw. durchführen.

Jenny Erpenbeck schreibt in ihrem Roman „Gehen, ging, gegangen“:

» Vieles von dem, was Richard an diesem Novembertag liest, hat er beinahe sein ganzes Leben über gewusst, aber erst heute, durch den kleinen Anteil an Wissen, der ihm durch das Gespräch mit dem Flüchtling zufliegt, mischt sich wieder alles anders und neu. Wie oft wohl muss einer, was er weiß, noch einmal lernen, wieder und wieder entdecken, wie viele Verkleidungen abreißen, bis er die Dinge wirklich versteht bis auf die Knochen? Reicht überhaupt eine Lebenszeit dafür aus? (Erpenbeck 2015, S. 177).

Immer wieder neu erfahren, wie Kulturen sich begegnen können, ist auch eine Herausforderung bei jeder Begegnung der Supervisorin mit einem neuen Team.

▪ Beispiele kultureller Unterschiede

Männer aus dem arabischen Raum als Supervisanden z. B. – das habe ich bisher eher selten erlebt. In der Arbeit mit geflüchteten Menschen tauchen sie jetzt häufiger auf. Sie sind wichtig und geschätzt in ihren Rollen als Muttersprachler und als männliche Gesprächspartner für die meist jugendlichen Männer. Als Supervisanden dagegen erlebe ich sie oft als wenig auffallend, still und nicht sehr beteiligt, oftmals fehlend wegen anderer Termine. Und ich frage mich: Ist Supervision das passende Format für sie? Wenn ich die Männer in der Supervision wahrnehme, beobachte ich gleichzeitig mich selbst und plötzlich kommt mir das Instrument Supervision sehr deutsch vor. Da gibt es eine supervisorische Disziplin im Reden und Agieren, Rituale für Anfangen und Beenden, man kommt pünktlich und man geht pünktlich, temperamentvolle Ausbrüche sind eher selten, es wird geweint und gelacht, die Supervisorin stellt eher Fragen, als dass sie Antworten gibt, manchmal gibt es am Ende einer Sitzung gar keine Lösung.

Unbeantwortete Fragen

Bei einem dieser Supervisanden aus dem arabischen Raum, bei dem ich diesen auffallenden Rückzug erlebte, kam noch hinzu, dass er der einzige Mann in einem Frauenteam war und sich in der Supervision kritische Rückmeldungen von Frauen anhören musste. (Aber um nicht ausschließlich mit der Kulturfolie alles zu erklären, auch deutsche Männer zeigen sich in der Supervision in der Regel weniger reflexionsfähig als Frauen). Nach den Rückmeldungen erschien er nicht mehr in der Supervision (immer mit plausiblen Erklärungen). Stimmte das Format für ihn nicht? Waren die Rückmeldungen eine zu große Kränkung für ihn? Konnte er mit der deutschen Art, Konflikte direkt anzusprechen, nicht umgehen? Oder steht sein Fernbleiben stellvertretend für einen tieferen Teamkonflikt?

So wie Supervisoren ihr Geschäft lernen, so müssen vielleicht auch Supervisanden lernen, Supervisanden zu sein, damit sie einen Gewinn aus den Sitzungen ziehen können. Da gibt es Primärtugenden, wie das Reflektieren der eigenen Arbeit, die Fähigkeit, Rückmeldungen zu geben und zu empfangen, das Zuhören und Verstehen, das Ausbalancieren von Nähe und Distanz, eine ethische Grundhaltung. Wer das nicht will, profitiert nicht von Supervision. Und dann sind da Sekundärtugenden wie Pünktlichkeit, Verbindlichkeit, die Art der Bezahlung usw. Diese sind verhandelbar und müssen jeweils angepasst werden.

Sowohl bei den Hauptamtlichen als auch den Ehrenamtlichen im Feld der Arbeit mit geflüchteten Menschen gibt es überdurchschnittlich viele Migrantinnen und Migranten (im Vergleich zum Bundesdurchschnitt). Die Geflüchteten schätzen das sehr, fühlen sich, neben der besseren Verständigungsmöglichkeit, auf der Gefühlsebene eher verstanden. Meine eigene Beobachtung ist, dass Migranten häufig viel Ruhe und Gelassenheit ins Arbeitsfeld bringen. Und ich persönlich genieße die Vielfalt in den Gruppen und Teams und entdecke aufgrund der Durchmischung bei den Supervisanden überwiegend eine neue Beweglichkeit und Achtsamkeit.

9.2.5 Auch Werte sind nicht beständig

Einher mit der Diskussion über „unsere“ Kultur geht die Diskussion über „unsere“ Werte. Werte werden hochgehalten, Werte verwässern, müssen erhalten bleiben, werden in den Schmutz gezogen, drohen zu verfallen … Dabei gibt es Werte – wie Kulturen – nicht für die Ewigkeit, sie verändern sich je nach Lebenssituation. Nehmen wir z. B. die Werte „Vaterlandsliebe“ und „Gehorsam“. Wer will zu denen heute noch stehen? Nach dem Zweiten Weltkrieg waren materielle Werte wichtig, in den 68ern waren es die Werte Freiheit, Gleichberechtigung, Eigenverantwortung, in den 90ern der Individualismus. Heute haben die Werte Toleranz, Solidarität, Kreativität, Selbstentfaltung, aber auch Sicherheit eine große Bedeutung.

Wir brauchen Werte zur Orientierung und Versicherung des Zusammenlebens, sie haben einen bindenden Charakter für das, was in einer Gesellschaft jeweils als wünschenswert anerkannt wird. Aber sie sind nicht gegeben, wir produzieren sie nach Bedarf. Und zu einem Einwanderungsland gehört der beständige Wertewandel. Deshalb kann es meiner Ansicht nach gar keinen „Verfall“ von Werten geben, sondern nur ihre kontinuierliche Veränderung.

Literatur

Arbeitskreis interkulturelles Lernen (2001). *Trainings- und Methodenhandbuch*. Stuttgart: Diakonie Württemberg.

Ates, S. (2007). *Der Multikultiirrtum. Wie wir in Deutschland besser zusammenleben können*. Berlin: Ullstein.

EFA Studie (2014). *Nicht repräsentative Studie zur ehrenamtlichen Flüchtlingsarbeit*. Berlin: Institut für Integrations- und Migrationsforschung.

Erpenbeck, J. (2015). *Gehen, ging, gegangen*. München: Knaus.

Foroutan, N. (2015). Ein neues Leitbild für Deutschland. In A. Reschke (Hrsg.), *Und das ist erst der Anfang* (S. 283–293). Hamburg: Rowohlt Verlag.

Gebauer, T. (2016). Was heißt denn hier Hilfe? Vortrag 26.7.2016 in Tübingen. Veröffentlicht in: Netzwerk rassismuskritische Migrationspädagogik BW. www.rassismuskritik-bw.de. Zugegriffen am 1.9.2016.

Kalpaka, A., & Mecheril, P. (2010). „Interkulturell“. Von spezifischen kulturalistischen Ansätzen zu allgemein reflexiven Perspektiven. In P. Mecheril (Hrsg.), *Migrationspädagogik* (S. 77–98). Weinheim Basel: Beltz.

Kiel, E. (1996). *Die Entwicklung interkultureller Kompetenz als ein zentrales Ziel globalen Lehren und Lernens*. Vortrag in Kiel.

Kühn, Y. und Reinfelder, E.C. (2016): Entfremdungsprozesse. In: *Supervision 1*, 75–83.

Nirumand, B. (2015). Vom Leben im Exil. In A. Jeschke (Hrsg.), *Und das ist erst der Anfang*. Hamburg: Rowohlt.

Takeda, A. (2012). *Wir sind wie Baumstämme im Schnee. Ein Plädoyer für transkulturelle Erziehung*. Münster: Waxmann.

Welsch, W. (1995). Transkulturalität. Zur veränderten Verfasstheit heutiger Kulturen. *Zeitschrift für Kulturaustausch, 45/1*, 39–44.

Folgerungen für die supervisorische Arbeit

K. Witte, *„Versteh mich nicht zu schnell“ – Achtsames Arbeiten mit geflüchteten Menschen*,
DOI 10.1007/978-3-658-17041-7_10

Zusammenfassung
Dieses Kapitel greift noch einmal die Anfangsfrage nach dem Besonderen in der Arbeit mit geflüchteten Menschen und demzufolge dem Besonderen in der Beratung auf. Sie finden hier sechs Bereiche, die in Supervision und Beratung besondere Aufmerksamkeit verlangen. Das ist die Ungewissheit und fehlende Planbarkeit in der Arbeit, der Umgang mit den eigenen Gefühlen, die dauernd geforderte Bewegung zwischen Mitgefühl und Distanz, die besondere Beachtung der psychischen Gefährdung bzw. Gesundheit der Mitarbeitenden und der kritische Blick auf Beratungsstandards. Den Abschluss bildet die alles umfassende Frage: Wie bleiben wir beweglich und kommunikationsbereit in einer Gesellschaft, die in so viele Richtungen auseinanderdriftet?

Das Besondere an der Arbeit im Bereich Flucht für mich und für Supervisanden habe ich zu Anfang beschrieben. Schlägt sich das Besondere auch in der supervisorischen Arbeit und in den Anforderungen an sie nieder? Das schreibende Nachdenken über Supervision in diesem Bereich hat meinen Blick geschärft und die geflüchteten Menschen haben dazu beigetragen, unsere Profession kritisch zu hinterfragen. Ich behaupte nicht, dass Supervision im Kontext Flucht grundsätzlich anders sei als sonst in „Grenzbereichen" der Supervision, aber es gibt Bereiche, die ich als neu empfinde, solche, auf die in der Arbeit eine besondere Aufmerksamkeit gerichtet werden sollte, und solche, in denen das Gewohnte plötzlich neu erscheint, wie unter einem Vergrößerungsglas. Das ist für mich

- die Ungewissheit,
- das Ausbalancieren unterschiedlicher Tempi,
- der Umgang mit und das Bewältigen von Gefühlen,
- die Bewegung zwischen Parteilichkeit und Positionierung,
- der Blick auf die psychische Gesundheit der Supervisandinnen und Supervisanden, vor allem der Freiwilligen, und
- die kritische Betrachtung von Standards.

10.1 Ungewissheit aushalten

Neu im supervisorischen Feld des Umgangs mit geflüchteten Menschen ist die Ungewissheit für alle Beteiligten. Es gibt wenig Verlässlichkeit. Die geflüchteten Menschen haben keine stabilen Orte, können jederzeit in andere Unterkünfte verlegt oder abgeschoben werden. Die Mitarbeitenden haben keine langfristigen Arbeitsverträge, weil die Träger nicht wissen, wie lange die Unterkunft gebraucht wird oder wann die Sporthalle zurückgefordert wird. Die Träger wissen nicht, wie lange die Konstruktionen ihrer Kooperationen halten, die Ehrenamtlichen erleben, dass eine Notunterkunft plötzlich aufgelöst wird, werden unter Umständen erst im letzten Augenblick darüber informiert. Die Supervisorin kann keine verlässlichen Kontrakte abschließen. Die Politik hat keine die Zukunft einbeziehende Strategie und überrascht mit Hüpfsprüngen in verschiedene Richtungen.

Diese dauernde Hab-Acht-Haltung kostet Energie und der Vertrauensaufbau wird zu einem äußerst kostbaren und schwer herstellbaren Gut. Auf genau den ist aber Supervision angewiesen. Supervision ist ein Prozess, keine einmalige Veranstaltung. Das allmählich immer tiefere Verstehen des Eigenen in der Begegnung mit Fremdem entsteht in der Supervision in einer Mischung aus Spannung und Entspannung und dazu braucht es einen sicheren Raum, physisch und psychisch. Das Gegenteil ist der Fall, wenn z. B. eine Therapeutin erzählt, für sie sei das Besondere an der Arbeit in diesem Bereich ihre immer wiederkehrende angstvolle Frage, wenn ein Klient nicht kommt: Ist er inzwischen abgeschoben?

Der Leiter einer Notunterkunft, von der er schon wusste, dass sie drei Monate später aufgelöst werden würde, fragte nach Supervision für seine Teams. Er wisse, dass das keine seriöse Ausgangslage für Supervision sei, aber seine Leute brauchten jetzt Unterstützung, weil keiner wisse, wie es weitergehe. Ich habe zugesagt.

Auch das ist neu in diesem Feld: die Offenheit und die Verletzlichkeit der Prozesse. Es gibt noch keine klaren Zukunftsvorstellungen. Ohne Zukunft zu leben und zu arbeiten, ist schmerzlich und macht dünnhäutig. Eine Supervisandin kreierte ein nachvollziehbares Bild mit ihrer Aussage: „Wegen der allgemeinen Unsicherheiten und Ungeklärtheiten haben wir Beliebigkeit statt Orientierung. Alle ziehen an irgendwelchen Fäden und das Knäuel zieht sich immer fester zu."

Natürlich gibt es Ausnahmen. Mein Mündel ist – inzwischen – in einer Wohngemeinschaft mit gutem Betreuungsschlüssel, hat einen Schulplatz, beginnt eine Therapie, hat ein eigenes Konto und hat einen Zweijahresvertrag in einem Fitnessstudio, allerdings noch keinen Asylbescheid. Ich erwähne den Zweijahresvertrag, weil er eine besondere Bedeutung hat in Bezug auf Vertrauen in unsere beiderseitige Zuverlässigkeit und einen wichtigen Schritt in die Integration darstellt. Aber der weitaus größte Teil der geflüchteten Menschen befindet sich in einem offenen Prozess, ohne die Sicherheit, auf deren Boden Heilung beginnen könnte. Den Mitarbeitenden und Freiwilligen geht es ähnlich. Die Supervisionsgruppen quellen oft über von Themen, weil es so viele unbeantwortete Fragen gibt. Im Arbeitsfeld haben die Mitarbeitenden schnell das Gefühl, sie müssten alle Aufgaben im Laufschritt erledigen, und so soll es dann auch in der Supervision sein.

10.2 Ausbalancieren unterschiedlicher Tempi

Aus diesen Wahrnehmungen entsteht für Berater eine Verführung, sich anstecken zu lassen, in das schnelle Tempo einzusteigen. Aber natürlich ist das Gegenteil wichtig, den Wunsch nach schnellen Lösungen nicht zu bedienen: sich in der Supervision Langsamkeit im Verstehen zuzutrauen und zuzumuten.

Wenn Mitarbeiter sich in den Einrichtungen mit den Bewohnern hinsetzen, anstatt im Stehen oder Vorübergehen die Anliegen zu klären, so eine Untersuchung, verdoppelt sich gefühlt die zur Verfügung stehende Zeit: sich innerlich hinsetzen in der Supervision und mit Achtsamkeit auf der körperlichen, emotionalen, geistigen und energetischen Ebene wahrnehmen, sich selbst, das Geschilderte, die Geflüchteten und die Gruppe, erst einmal ohne Vorstellung und Ziel. Denn das Gegenteil von Flucht ist Ruhe und Ankommen.

Methodenbox

Verlangsamung des Verstehens
Ausgangssituation (z. B.): Zu schnell verstehen, in der Folge Überlappen von Verstehen, Interpretieren, Antworten.
Ziel: Entschleunigung und differenziertes Hören.
Ablauf: Vier Stühle werden nebeneinandergestellt. Jeder Stuhl steht für einen Schritt des Verstehensprozesses. Die Stühle heißen: Hören – Verstehen – Interpretieren – Reagieren. Der Protagonist nimmt eine erlebte und verunsichernde Situation, setzt sich nacheinander auf jeden Stuhl und folgt der Aufforderung des Stuhls und differenziert sein Erleben in: Was habe ich gehört? Was habe ich verstanden? Wie habe ich es verstanden (interpretiert)? Und wie möchte ich reagieren? Die Gruppe unterstützt dabei.

Auch für mich als Supervisorin gilt das: Nicht zu schnell sein, sich Zeit lassen und achtsam sein. Achtsamkeit als Haltung hebt das Entweder-Oder-Denken auf. Meine Haltung gleicht einer doppelten Pendelbewegung: Die eine Pendelbewegung geschieht zwischen Wahrnehmung meines Gegenübers (außen wahrnehmen) und Wahrnehmung meiner selbst (innen wahrnehmen, mein Empfinden, Fühlen, Denken). Das führt zur zweiten Pendelbewegung zwischen einer kreativen Pause (Zeit geben zum Entstehenlassen von Impulsen, Bildern) und der kreativen Interaktion/Intervention. Es ist also eine zweifache Aufmerksamkeit gefordert, auf der Wahrnehmung- und der Aktionsebene (siehe ◘ Abb. 10.1).

In meiner Praxis hängt an einer Wand ein alter Fensterrahmen mit halb geöffneten Flügeln und teilweise zerbrochenem Glas. Er dient mir als eine Metapher für Supervision. Darunter steht ein Spruch von Martin Buber:

> » Ich muss es immer wieder sagen: Ich habe keine Lehre. Ich zeige nur etwas. Ich zeige Wirklichkeit, ich zeige etwas an der Wirklichkeit, was nicht oder zu wenig gesehen worden ist. Ich nehme ihn, der mir zuhört, an die Hand und führe ihn zum Fenster. Ich stoße das Fenster auf und zeige hinaus. Ich habe keine Lehre, aber ich führe ein Gespräch.

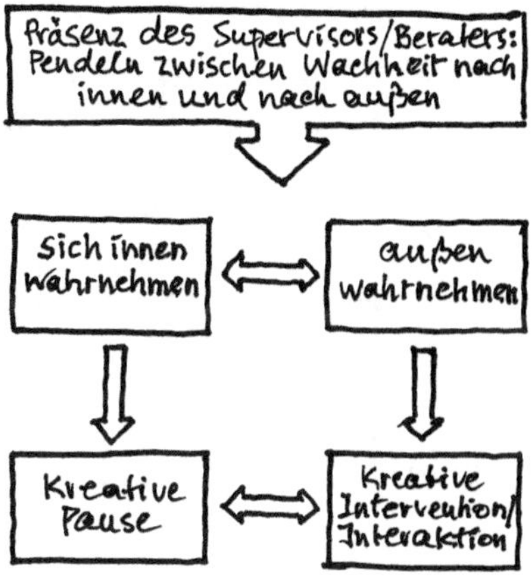

Abb. 10.1 Pendeln zwischen Wachheit nach innen und Wachheit nach außen. (Eigene Darstellung)

10.3 Gefühle verändern Distanz

Viele Supervisandinnen sagen (siehe ► Kapitel 2), dass das Besondere an ihrer Arbeit der intensive Zugang zu ihren Gefühlen sei. Wenn Gefühle in der professionellen Arbeit benannt werden, ist das etwas Kostbares und dennoch werden sie oft versteckt.

» Die Menschen neigen immer mehr dazu, über Gefühle nachzudenken als sie zu fühlen (Erich Fromm).

Ich erinnere mich an eine Supervision mit Jugendamtsmitarbeiterinnen, in der eine Supervisandin erzählte, sie habe geweint, als sie einen Jugendlichen in einem Heim abliefern musste – das wurde von den Kolleginnen als unprofessionell gebrandmarkt. Tobias Trappe schreibt: „Es gibt ein Menschenrecht auf Traurigkeit" (Trappe 2015, S. 53). Ebenso auf Wut, Enttäuschung, Scham oder Glück. Dieses Menschenrecht braucht Raum möglichst überall, aber vor allem in der Supervision.

Diese Gefühle erlebe ich im Bereich Flucht stärker als sonst, bei den Supervisanden und auch bei mir. Es ist kein Zufall, dass wir in Bremen eine Intervisionsgruppe für die Kolleginnen gegründet haben, die Supervision in diesem Bereich durchführen. Wozu? Um mit den Emotionen nicht allein zu bleiben und um wieder zum Gleichgewicht zwischen Emotionalität und Distanz zu finden. ◘ Abb. 10.2 zeigt, welche Auswirkungen ein Übergewicht einer Seite haben kann.

Alle Tätigen im Bereich Flucht haben immer wieder damit zu tun, eine Haltung, zwischen Gefühl und Distanz zu finden:

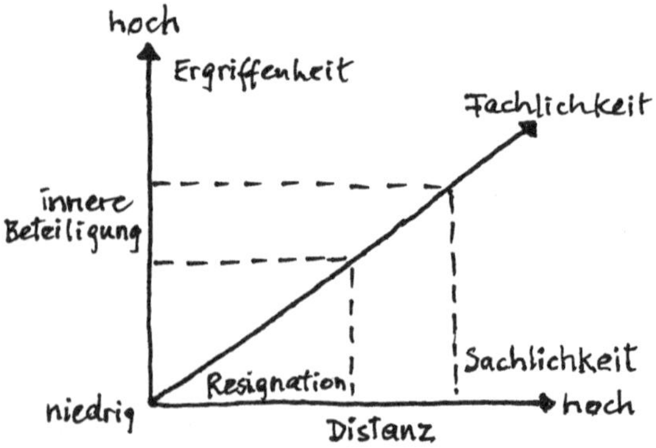

Abb. 10.2 Feld zur Verortung zwischen Emotionalität und Distanz. (Eigene Darstellung)

- Sind Distanz und Emotionalität gering, mag ein Gefühl von Aussichtslosigkeit, das in Resignation mündet, entstehen. Der Antrieb und die Energie sind schwach. Es kann Zynismus entstehen.
- Steigt die Emotionalität, aber die Distanz bleibt gering, entsteht eine hohe Identifikation mit der Arbeit und die Gefahr, sich in der Tätigkeit zu verlieren, grenzenlos zu werden, steigt an. Hier liegt die größte Gefahr für die Helfenden, sich zu verbrennen.
- Ist die Distanz hoch, aber die Emotionalität niedrig, werden die Aufgaben sachlich erledigt, mit Blick auf den zu verwaltenden Teil, der Mensch bleibt leicht unbeachtet. Hier liegt die größte Gefahr für den zu betreuenden Menschen.
- Bei hoher Emotionalität und hoher Distanz oder auf der Diagonale zwischen Emotionen und Distanz, ist zu erwarten, dass es eine ausgewogene Fachlichkeit gibt, d. h. ein Gleichgewicht zwischen Hinwendung zum Betreuten und Achtsamkeit gegenüber sich selbst.

Mit Supervisanden in diesem Feld zu arbeiten, d. h. sie sich selbst einschätzen zulassen, hilft ihnen, ihren Ist- und Wunschzustand im Zusammenspiel von Gefühl und Distanz zu lokalisieren und zu reflektieren. Sie bekommen dadurch den Raum, ihre Gefühle professionell einzuordnen.

Auch ist als Supervisorin verordne mir eine ständige Selbsteinschätzung zwischen innerem Engagement und innerer Distanz. Die Verortung zwischen zwei Koordinaten erlaubt eine differenziertere Positionierung der Beteiligten als die Einordnung auf einer Skala.

Die folgende Methode „Ambivalenzfeld" vermittelt die unterschiedlichen Anwendungsmöglichkeiten.

Methodenbox

Ambivalenzfeld
Ausgangssituation (z. B.): Ein Team fragt sich: Sind wir eigentlich noch mit Leidenschaft bei der Arbeit oder ist es für uns nur ein Job?
Ziel: Klärung des Teamengagement.
Ablauf: Auf einem Blatt Papier werden zwei Koordinaten im rechten Winkel gezeichnet und diese in Abschnitte von 1 bis 10 unterteilt. Die Endpunkte werden bezeichnet mit „Leidenschaft" und als Gegensatz z. B. „Distanziertheit".
Alle Kolleginnen finden für sich einen Punkt im Feld dazwischen, indem sie auf beiden Skalen einen für sich stimmigen Zahlenwert wählen und diesen rechtwinklig ins Feld verlängern, bis die beiden Linien sich treffen. Dort macht jedes Teammitglied eine Markierung. Jetzt hat das Team einen Überblick über die im Team gelebten Haltungen und eine Diskussion darüber kann beginnen.
Solch ein Ambivalenzfeld ist differenzierter als eine einfache Skalierung. Man kann es auch mit Seilen oder Klebeband im Raum auf dem Boden gestalten und die Teammitglieder positionieren sich als Personen in dem Feld (das ist herausfordernder).

Hier folgt ein Beispiel für die Anwendung des Ambivalenzfeldes und es wird deutlich, wie unterschiedlich die Koordinaten des Feldes betitelt werden können.

Ein heikles Thema
Eine Teamkollegin fragt: „Beeinflussen eigentlich die derzeitigen Terrormeldungen euren Blick auf die jungen Geflüchteten, die zu uns kommen?" Alle sagen schnell und vehement, zu schnell, wie ich finde, „auf keinen Fall". Die Supervisorin hält die Diskussion an und „verordnet" einen Moment Schweigen. Dann zeichnet sie auf einem großen Blatt Papier die Koordinaten für ein Ambivalenzfeld auf und beschriftet die Enden mit „beeinflusst mich gar nicht" und „beeinflusst mich".
Die Teammitglieder brauchen einige Zeit des Nachdenkens, bevor sie sich im Feld verorten können. Danach ist eine differenzierte Diskussion möglich, denn keine fühlt sich ganz frei von der gesellschaftlichen Stimmung. Terroranschläge zerstören das Vertrauen in eine sinnhafte Ordnung unserer sozialen Umwelt und Vertrauen wandelt sich in Unvertrauen, schleichend, kaum merklich.

10.4 Parteilichkeit

Es wird gefordert, Berater sollten neutral sein. Niemand ist jemals neutral, Neutralität ist eine Illusion. Wenn darüber Einigkeit herrscht, dann stellt sich die Frage, wie

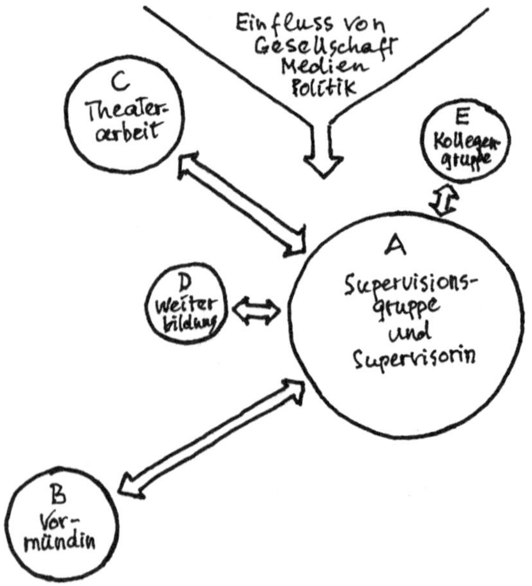

Abb. 10.3 Mein Engagementfeld. (Eigene Darstellung)

Supervisoren sich im Spannungsfeld zwischen Parteilichkeit und Allparteilichkeit positionieren können, um hilfreich zu sein (Siehe auch Bleckwedel und Witte, 2012).

Ich möchte das an meiner eigenen Situation erläutern, die Abb. 10.3 wiedergibt.

- **Erläuterung zu Abb. 10.3**

- **(A) ist die Supervisionsgruppe** und die Supervisorin.
- **(B) ist die Vormundin.** Hier bin ich parteilich für mein Mündel und bekomme als Bürgerin Eindrücke von Ämtern und sozialen Einrichtungen. Da spüre ich manchmal Ärger, den ich als Supervisorin sehr im Hintergrund lassen muss. Deshalb habe ich in der Abbildung diesem Teil den größtmöglichen Abstand gegeben.
- **(C) sind ehrenamtliche Projektarbeit und Playback-Theater.** Da bin ich entschieden parteilich für Geflüchtete und ich muss mir überlegen, wie nah ich diese Rolle an die Supervisorinnenrolle heranlasse, damit ich im Prozess davon profitiere, aber mich nicht überwältigen lasse.
- **(D) ist die Weiterbildnerin für interkulturelle Arbeit** und
- **(E) die Teilnehmerin einer Intervisionsgruppe von Kolleginnen im Kontext Flucht.** Die beiden letzten Rollen sind hilfreiche Unterstützerinnen, weil sie immer wieder für die nötige Distanz und den Überblick sorgen.

Wenn ich dann, wie es in der Supervision manchmal geschieht, einen kurzen Fortbildungsteil einschiebe (L), ziehe ich das Wissen aus meinen Erfahrungen in B, C, D und vor allem E. Ich muss also mein Unterwegssein im Feld Flucht offenlegen, damit keine Verunsicherung entsteht. In einem Kontraktgespräch mit dem Team einer Behörde, die mit Geflüchteten zu tun hat, sagte eine Mitarbeiterin: „Wenn Sie auch Vormundin sind, muss ich mir überlegen, ob ich Vertrauen haben kann." Genau deshalb ist das Offenlegen wichtig, damit solche Überlegungen stattfinden können. Und auch für die Supervisanden macht es Sinn, sich ihr eigenes Feld von Parteilichkeit und Allparteilichkeit einmal aufzuzeichnen.

Parteiliche Arbeit kommt nicht umhin, sich auch gesellschaftspolitisch zu positionieren. Die Supervisorin ist Akteurin der Zivilgesellschaft und damit in der Verantwortung, einen nachhaltigen Beitrag zum Umgang mit gesellschaftlichen Herausforderungen zu leisten. Der kann unter anderem darin bestehen, Diskussionen anzuregen, etwa wie den Geflüchteten, die aus der Rechtlosigkeit kommen und bei uns noch keine Rechte haben, zu ihrem Recht, z. B. im Heim, verholfen werden kann. Oder was Allparteilichkeit oder Hierarchisierung von Parteilichkeit im Alltag bedeutet; was es heißt, in den Unterkünften so zu agieren, dass eine Gleichbehandlung geschieht.

Alle Positionen beeinflussen sich gegenseitig und dessen muss ich mir bewusst sein. Ich bin nicht neutral. Im Rahmen einer Allparteilichkeit (gegenüber Supervisanden, Geflüchteten, Institutionen und Organisationen, Leitungen von Einrichtungen, Mitarbeitern und Freiwilligen) muss ich mich positionieren, immer wieder neu. Und zur Positionierung gehört, die Grundlage der Position zu formulieren. Diese Grundlage ist für mich der § 1 des Grundgesetzes: „Die Würde des Menschen ist unantastbar." Das ist meine Ausrichtung und sichert mir meine beraterische Unabhängigkeit. Und dann kann die Parteilichkeit auch wechseln, ohne sich selbst untreu zu werden. Wobei der gegenseitige Respekt die Grundlage für die Bewegung innerhalb der Allparteilichkeit und ein Schutz für alle Beteiligten ist.

Für mich als Supervisorin ist es immer wieder eine Herausforderung, die Balance zwischen Einmischen und Distanz zu halten, und ich muss mir darüber im Klaren sein, dass ich in Situationen kommen kann, in denen ich nicht mehr unabhängige Beobachterin bin, sondern Teil des Engagements.

10.5 Gesund bleiben

Beim Gesundheitsbegriff beziehe ich mich auf die Definition der Weltgesundheitsorganisation, die Gesundheit nicht als ein Ziel, sondern als ein „Lebenweisenkonzept" definiert. Und das bezieht sich auf das körperliche, psychische und soziale Wohlbefinden, auf die Selbstverwirklichung und Sinnfindung, auf die Wahrnehmung und den Umgang mit Belastung und Gefährdungen und das Wahrnehmen und Inanspruchnehmen von Ressourcen u. a. (WHO, Ottawa Charta 1986).

Die Gesundheit in einem Betrieb oder einer Einrichtung ist abhängig von Verhältnissen und Verhalten. Die Beschäftigten müssen sich fragen: Was braucht es an Voraussetzungen, um gut arbeiten zu können, und was an Achtsamkeit sich selbst gegenüber? Es bedarf einer großen Aufmerksamkeit gegenüber der psychischen Belastung – sie wird von den Helfenden oft nicht wahrgenommen. Vor allem die Freiwilligen sind durch nicht eingestandene Überforderung gefährdet.

Da die Anzahl der Freiwilligen in diesem Feld so überwältigend groß ist, wächst auch die Sorge, inwieweit sie gesund mit den Belastungen umgehen können. Eine gesicherte Reflexionsmöglichkeit wäre dringend nötig, wird aber nur selten angeboten und dann auch nicht immer angenommen. Das ist ein Phänomen, dem sich die Organisationen dringend zuwenden müssten (In der Bremischen Evangelischen Kirche gibt es in jeder Stadtregion ein Supervisionsangebot für in der Geflüchtetenarbeit tätige Ehrenamtliche und die Gruppen werden nicht voll). Dabei hat es das in der Geschichte der Freiwilligenarbeit (für Deutschland kann ich das sagen) noch nicht gegeben, dass Freiwillige in dieser Vielzahl den Belastungen durch ihre Betreuten ausgesetzt waren. Ich nenne hier vor allem die Gefahr der sekundären Traumatisierung, die Unerträglichkeit des Wartens und Hoffens, das Aushalten fremden Verhaltens und die schwierigen bis aussichtslosen Bemühungen um Integration (Sprache, Wohnung, Arbeit, Kontakte).

Sicher, auch in der Hospizarbeit oder der Telefonseelsorge werden die Freiwilligen mit schweren Geschichten konfrontiert, aber da gibt es nicht ohne Grund eine Ausbildung und eine Auswahl der Freiwilligen nach Belastungskriterien. Und Supervision ist Pflicht. In der Arbeit mit Geflüchteten werden die Ehrenamtlichen weder gezielt ausgesucht noch geschult. Da wäre es eine Pflicht der Organisationen, ihnen wenigstens Supervision anzubieten.

Denn die Supervision als ein Ort des Innehaltens spielt für die Selbstwahrnehmung in Bezug auf Belastung eine wichtige Rolle, oft bietet sie den einzigen Ort, an dem die Helfenden sich selbst wichtig nehmen, das Engagement nicht herunterspielen, ihre Belastung zeigen und auf sich selbst stolz sein können und wieder ihre Energie spüren können.

10.6 Standards

Zu Standards habe ich eher Fragen als abgeschlossene Meinungen. Wo müssen sie verändert, den jeweiligen Situationen angepasst werden, wo müssen sie mit aller Kraft eingehalten werden, wie ist Qualität zu erhalten?

> When you have more than you need, build a longer table, not a higher fence (Transparent an einer Hauswand im Wendland).

Für die Supervisionsstandards könnte das heißen: Wenn die Situation es verlangt, nutze deine Möglichkeiten, schaue genau, was die Supervisanden und der Prozess brauchen, erweitere dein Angebot und verbarrikadiere dich nicht hinter der reinen Lehre und gewohnten Standards.

Dazu zwei Haltungen von Supervisoren: In der Zeitschrift des österreichischen Supervisorenverbandes gibt es einen Artikel „Wider die Verführung", in der der Autor C. Ocenasek (2016) davor warnt, für Helfende in der Flüchtlingskrise ehrenamtliche Supervision anzubieten, weil Supervisoren damit in die Falle einer falschen Politik gerieten, die die Sozial- und Bildungsarbeit entprofessionalisiert durch den Einsatz unausgebildeter Ehrenamtlicher. Im Gegensatz dazu haben Supervisoren eine Initiative gestartet, sie wollen ehrenamtlich die Leitung von Selbsthilfegruppen für geflüchtete Menschen übernehmen (um einerseits etwas an der Basis zu tun und um andererseits den Geflüchteten einen Raum zu bieten, bei sich selbst anzukommen). Build a longer table …

Einige Kolleginnen zählen Situationen auf, die für sie nach „Verwahrlosung der Professionalität" klingen, andere nennen dieselben Situationen „an die Realität angepasste Weiterentwicklungen":

- Supervisoren duzen sich mit Supervisanden, die freiwillig arbeiten, weil Siezen in diesem Feld für alle unpassend klingt. Ist das anbiedernd?
- Mitarbeiter einer Einrichtung kaufen privat ein Hemd für das Vorstellungsgespräch eines ihrer Betreuten. Ist das unprofessionell?
- Supervisoren fühlen sich mehr als in anderen Feldern aufgefordert, in chaotischen Arbeitssituationen, Überforderung oder Intransparenz Kontakt zum Arbeitgeber aufzunehmen, wenn die Supervisanden sich dazu nicht in der Lage sehen. D. h., die Fürsorge der Supervisanden zu ihren Betreuten überträgt sich auf die Supervisorin und die nimmt die Aufforderung u. U. mehr als sonst üblich an. Ist da Zurückhaltung geboten?
- In Behörden herrschen zum Teil unerwartet ungeordnete Strukturen: Jugendamtsmitarbeiter halten sich nicht an gesetzliche Regelungen und entscheiden Vorteile für ihre Klienten. Behörden und soziale Träger betreiben Machtmissbrauch, um zu ermöglichen oder zu begrenzen. Wie verhalten sich die Supervisoren dazu, wenn sie das mitbekommen?
- Unausgebildete Mitarbeiter in den Einrichtungen machen Sozialarbeit und konfrontieren damit den professionellen Anspruch der ausgebildeten Mitarbeiterinnen. Wie reagieren Supervisoren?
- Supervisoren verorten sich auf der gesellschaftlichen Landkarte und bringen ihre politischen Meinungen in die Supervision ein. Verlieren sie damit die Möglichkeit, Projektionsfläche zu sein?
- Supervisoren bewegen sich bei Bedarf zwischen Supervision und Fortbildung hin und her. Dürfen sie das?

Müssen wir Supervisoren uns davon abgrenzen oder können wir solche „anarchischen" Strukturen auch akzeptieren? Dürfen wir sie gar genießen? Wird unsere supervisorische Arbeit durch solche Praktiken diskriminiert oder disqualifiziert?

Es gibt undiskutierbare Prinzipien in der Supervision, wie Schweigepflicht, Transparenz, ethische Haltungen, keine gegenseitigen Verletzungen, Distanz, Freiwilligkeit usw. Alles andere sind Vereinbarungen, die beweglich bleiben sollten. Und die oben angedeutete Diskussion zwischen „Verwahrlosungen" oder „Realitätsanpassungen" klingt mir sehr deutsch und entspricht einem Kulturkonzept, das bei Supervisionen mit migrantischen Mitarbeitern unbedingt überprüft werden sollte.

Gegen den Strom schwimmen

Bei einem Psychodramaseminar in Russland wurde ich überraschend damit konfrontiert, dass die Seminargruppe sich aus Therapeutinnen (allerdings keine Analytikerinnen) **und** ihren Klienten zusammensetzte. Für mich ein Schock, mein erster Gedanke war, meine Leitung abzugeben, der nächste war: „Wenn ich das zulasse, dann darf ich das nie meinen Kollegen in Deutschland erzählen". Ich habe mich darauf eingelassen, **unter** der Bedingung, die jeweils eigene Rolle in der Gruppe öffentlich zu machen, und … es funktionierte, beide Gruppierungen kamen zu ihrem Recht und ihren Bedürfnissen, wobei die Therapeutinnen genau auswählten, was sie von sich einbrachten. Anschließend gab es eine spezielle Auswertungsrunde: Was ändert sich, wenn die Therapeutin keine „leere" Projektionsfläche mehr ist? Für mich immer noch ein Rätsel, dass alle positiv darauf reagierten. Ich bin überzeugt, in Deutschland hätte das nicht funktioniert, weil allein die Vorstellung der Standardverletzung das Verhalten aller beeinflusst hätte.

Auch die Mitarbeiterinnen in den Einrichtungen müssen sich mit Standardveränderungen auseinandersetzen. Manchmal beleben die Anforderungen an Flexibilität und Spontaneität die Arbeit, manchmal bewirkt das gerade das Gegenteil.

Professionelle Blockade

Eine Supervisandin aus einem mobilen Team, das in unterschiedlichen Unterkünften Spielangebote macht, erzählt: „Ich fühle mich immer wieder total blockiert. ich bin seit zehn Jahren Erzieherin, aber wenn ich ein Projekt anleiten will, ist alles wie weggeblasen. Ich weiß nichts mehr." Wir erforschen, woher das kommt, und das Team findet eine ganze Reihe von Gründen. Ein Grund ist die hohe Fluktuation auf beiden Seiten. Das Team wird in wechselnde Übergangsheime beordert, die Familien ziehen um, manchmal können sich Erzieherinnen und Kinder nicht einmal voneinander verabschieden. Ein weiterer Lähmungsfaktor für die Erzieherin ist die ständige Anwesenheit der Security, die immer danebensteht, wenn eine Aktion auf dem Hof stattfindet. Außerdem fühlt das Team sich durch die Räume nicht willkommen geheißen, es sind Räume, die es zufällig gibt, nicht für Kinder gedacht. Und ebenso wenig willkommen fühlen sie sich bei Hausleitung und Betreuern. „Wir sind eine zusätzliche Last. Das alles ist so unprofessionell und dadurch geht mir meine eigene Professionalität verloren."

Dies ist ein Beispiel für ein Projekt, das am grünen Tisch eines Trägers entstanden zu sein scheint, und auf dem Rücken der Erzieherinnen, die sich speziell auf dieses Projekt beworben haben, ausgetragen wird. Und wieder entsteht für die Supervisorin die Frage, ob sie den Träger kontaktieren und auf die Schwierigkeit dieser Konstruktion hinweisen soll, da die Erzieherinnen sich dazu nicht in der Lage sehen.

Nicht nur bei den Standards, sondern in vielen Bereichen der Arbeit mit Geflüchteten gibt es offene Fragen, weil das Denken und die Antworten oft nicht so schnell sind wie die Realität. Deshalb plädiere ich für offene Denkräume.

10.7 Denkräume

Auf Jahrmärkten gab/gibt es ein Gerät mit einer großen, rotierenden Scheibe, auf der die Besucher, sich auf der Scheibe bewegend, mit ihrem Gleichgewicht und einer möglichst aufrechten Haltung kämpfen. Das gelingt am besten, wenn man sich der Bewegung hingibt und nicht zu wissen glaubt, wie die Aufrichtung funktioniert. Auf Beratung übertragen heißt das für mich, sich die Freiheit zu nehmen, nicht zielgerichtet zu denken, sondern sich in offenen Denkräumen zu bewegen. Das sind Räume, in denen Fragen offen bleiben, und Antworten, Haltungen sich in Ruhe entwickeln können. Räume offen zu halten, die sich mit Unvorhergesehenem füllen können. Alle, die in diesem Feld von Flucht und Vertreibung arbeiten, wissen nicht, wie sich die Situation sozialpolitisch weiterentwickelt: Wird unsere Arbeit erfolgreich oder umsonst sein? Werden sich geregelte Strukturen entwickeln oder wird es eine Spirale von Gewalt geben? Werden Entscheidungen von sozialer Gerechtigkeit oder neoliberalem Denken geleitet? Werden die geflüchteten Menschen es schaffen, sich zu integrieren? Werden wir es schaffen, den Boden für Integration zu ebnen oder dauert es Generationen, bis die Menschen bereit sind, hier anzukommen und wir es ihnen ermöglichen, d. h. bereit sind, uns zu verändern in Richtung einer offenen, transkulturellen Gesellschaft?

Das wird nur gehen, wenn wir das individuelle Engagement mit einer politischen Haltung zusammenbringen, und zwar in lokalen Gemeinschaften und Diskussionen, in denen wir uns laut! Geschichten unserer Visionen erzählen. Durch die vielen helfenden Einzelbeziehungen droht das Engagement lautlos in Privatheit zu versinken, im Gegensatz zu laut verbreiteten rechten Gewaltaktionen. Wir sollten es wieder zu einem gesellschaftlichen, hör- und sichtbaren Engagement machen, Räume schaffen, in denen gemeinsame politische Bewusstheit entsteht. Die kann in der Supervision entstehen, aber auch z. B. bei Treffen zwischen Haupt- und Ehrenamtlichen oder bei Dank-Veranstaltungen für Freiwillige oder bei lokalen Veranstaltungen.

Denn es geht um mehr als nur um die Flüchtlinge. Es geht um uns, um unser Leben in Europa, um soziale Gerechtigkeit, um ökologische Nachhaltigkeit, um Generationengerechtigkeit. Das alles ist vom Engagement für geflüchtete Menschen nicht zu trennen und erscheint in schärferen Bildern als bisher. Gerade in diesem Feld, das noch so sehr in Bewegung ist – politisch, sozial, emotional – scheint es mir wichtig, Positionen und Gedanken beweglich zu halten, ihnen die Chance zu geben, sich zu verändern. Die Geflüchteten haben uns wach gemacht für politisches Denken, für Reflexion, für eine neue Betrachtung unseres Seins. Durch sie haben wir die Chance, darüber nachzudenken, was uns wichtig ist.

In einer Supervisionsgruppe mit Freiwilligen, die auch ich ehrenamtlich anbiete, habe ich einen Denkraum vorgeschlagen, einen Raum mit offenen Türen und Fenstern. Jede Sitzung beginnt damit, dass eine/einer fragt: „Gibt es etwas für den Denkraum?" Das macht Spaß, öffnet das Denken und lässt auch die Supervisionsthemen offener erscheinen. Diese Denkräume sollten wir möglichst häufig installieren, in welcher Form auch immer. Denn sie fördern das Wichtigste: Offenheit und Lust am Entdecken des noch Unbekannten. Für die Fremden, für die Helfenden, für neue Gesellschaftsformen, für uns selbst. Denn das ist eine Aufgabe sowohl für Supervisoren als auch für die Professionellen und Freiwilligen: das Nicht-Wissen, das Nicht-Verstehen aushalten und dieses Aushalten-Können als professionelle Kompetenz zu empfinden. Der Weg zur pädagogischen Handlungsfähigkeit führt über Irritationen, die verfestigte Bilder ins Wanken bringen.

10

Beim letzten Treffen bewegten sich im Denkraum der Supervisionsgruppe Gedanken zum Thema Heimat und zu der Frage, ob Heimat ein fester Ort sein muss. Und wenn nicht, was das für Integrationswünsche bedeutet. In ▶ Kap. 3 habe ich einen Satz von Georg Simmel zitiert:

> » Der Fremde sei nicht zu verstehen als der, der heute kommt und morgen geht, sondern als der, der heute kommt und morgen bleibt – sozusagen der potenziell Wandernde, der, obgleich er nicht weitergezogen ist, die Gelöstheit des Kommens und Gehens nicht ganz überwunden hat (Simmel 2008, S. 59).

Dieser Satz löst in mir das mich stark berührende Gefühl einer „Möglichkeit" aus. Und Nelly Sachs hat gesagt, dass für sie nicht der feste Ort, sondern die Flucht eine Metapher für menschliches Dasein sei. Nur im Wandel, in der Metamorphose ließe sich Heimat finden. „… an Stelle von Heimat halte ich die Verwandlungen der Welt" (Nelly Sachs 1961, S. 261). Und der nigerianische Künstler Emeka Ogboh, in Berlin lebend, antwortet auf die Frage nach Heimweh, dass er eher die Furcht habe, anzukommen. Ankommen als Gefahr einer künstlerischen Erstarrung. Ist Unterwegssein in der Welt vielleicht die heutige oder die zukünftige Form von Heimat?

> » Kommt einer
> von ferne
> mit einer Sprache
> die vielleicht die Laute

verschließt
mit dem Wiehern der Stute
oder
dem Piepen
junger Schwarzamseln
oder
auch wie eine knirschende Säge
die alle Nähe zerschneidet –

Kommt einer
von ferne
mit Bewegungen des Hundes
oder
vielleicht der Ratte
und es ist Winter
so kleide ihn warm
kann auch sein
er hat Feuer unter den Sohlen
(vielleicht ritt er
auf einem Meteor)
so schilt ihn nicht
falls dein Teppich durchlöchert schreit –

Ein Fremder hat immer
seine Heimat im Arm
wie eine Waise
für die er vielleicht nichts
als ein Grab sucht.

Nelly Sachs

Literatur

Bleckwedel, J., Witte, K., Frank-Bleckwedel E. (2012). Positionierung und Allparteilichkeit. Leitlinien für Beratung und Supervision in Fällen von sexuellen und gewalttätigen Übergriffen. *In* Supervision, *2/2012*, 26–33.

Oceanek, C. (2016). Wider die Verführung oder: Warum ich doch keine Supervision spende. *övs news*, *1/2016*, 21–22.

Ottawa Charta (1986). Erklärung der Weltgesundheitsorganisation 1986. http://www.euro.who.int/__data/assets/pdf_file/0006/129534/Ottawa_Charter_G.pdf. Zugegriffen am 15.12.2016.

Sachs, & Nelly (1961). *Fahrt ins Staublose. Gedichte*. Frankfurt: Suhrkamp.
Simmel, G. (2008). Exkurs über den Fremden. In *Sternstunden der Soziologie*. Frankfurt: Campus.
Trappe, T. (2015). Zur Ethik der Asylverwaltung. In E. Bittenbinder, *Grenzbereiche der Supervision*, Göttingen: Vandenhoeck & Ruprecht.

FSC
www.fsc.org
MIX
Papier | Fördert
gute Waldnutzung
FSC® C083411

Kolibri 360 GmbH
Ferdinand-Jühlke-Straße 7
99095 Erfurt, Deutschland
produktsicherheit@kolibri360.de